엔트리로 시작하는 코딩 첫걸음

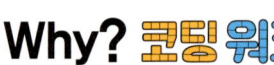 

Why? 코딩 워크북 ❷ 애니메이션

2016년 9월30일 1판1쇄 발행 | 2020년 10월20일 1판5쇄 발행

글 신갑천 **그림** 이영호 **감수** 송상수
펴낸이 나춘호 **펴낸곳** (주)예림당
등록 제2013-000041호 **주소** 서울시 성동구 아차산로 153 예림출판문화센터
구매 문의 전화 561-9007 **팩스** 562-9007
책 내용 문의 전화 3404-9214
http://www.yearim.kr

책임개발 박효정 / 서인하 **편집** 전윤경 **디자인** 이정애 / 강임희 김지은 백지현
저작권영업 문하영 / 김유미 **제작** 신상덕 **홍보마케팅** 김민경
마케팅 임상호 전훈승

ⓒ 2016 초등컴퓨팅교사협회 예림당

ISBN 978-89-302-3052-0 74400
ISBN 978-89-302-3050-6 74400(세트)

* 이 도서에는 아모레퍼시픽에서 제공한 아리따글꼴이 적용되어 있습니다.

이 책은 저작권법에 따라 보호받는 저작물이므로 무단 전재와 무단 복제를 금합니다.
이 책의 표지 이미지나 내용 일부를 사용하려면 반드시 (주)예림당의 서면 동의를 받아야 합니다.

이 도서의 국립중앙도서관 출판예정도서목록(CIP)은 서지정보유통지원시스템 홈페이지 (http://seoji.nl.go.kr)와
국가자료공동목록시스템(http://www.nl.go.kr/kolisnet)에서 이용하실 수 있습니다.(CIP제어번호: CIP2016021548)

어린이제품 안전특별법에 의한 제품 표시사항
제품명 | 도서   제조자명 | (주)예림당   제조국명 | 대한민국   전화번호 | 02)566-1004
주소 | 서울시 성동구 아차산로 153   제조년월 | 발행일 참조   사용연령 | 8세 이상

주의! 책의 모서리가 날카로우니, 던지거나 떨어뜨려 다치지 않도록 주의하세요.

엔트리로 시작하는 코딩 첫걸음

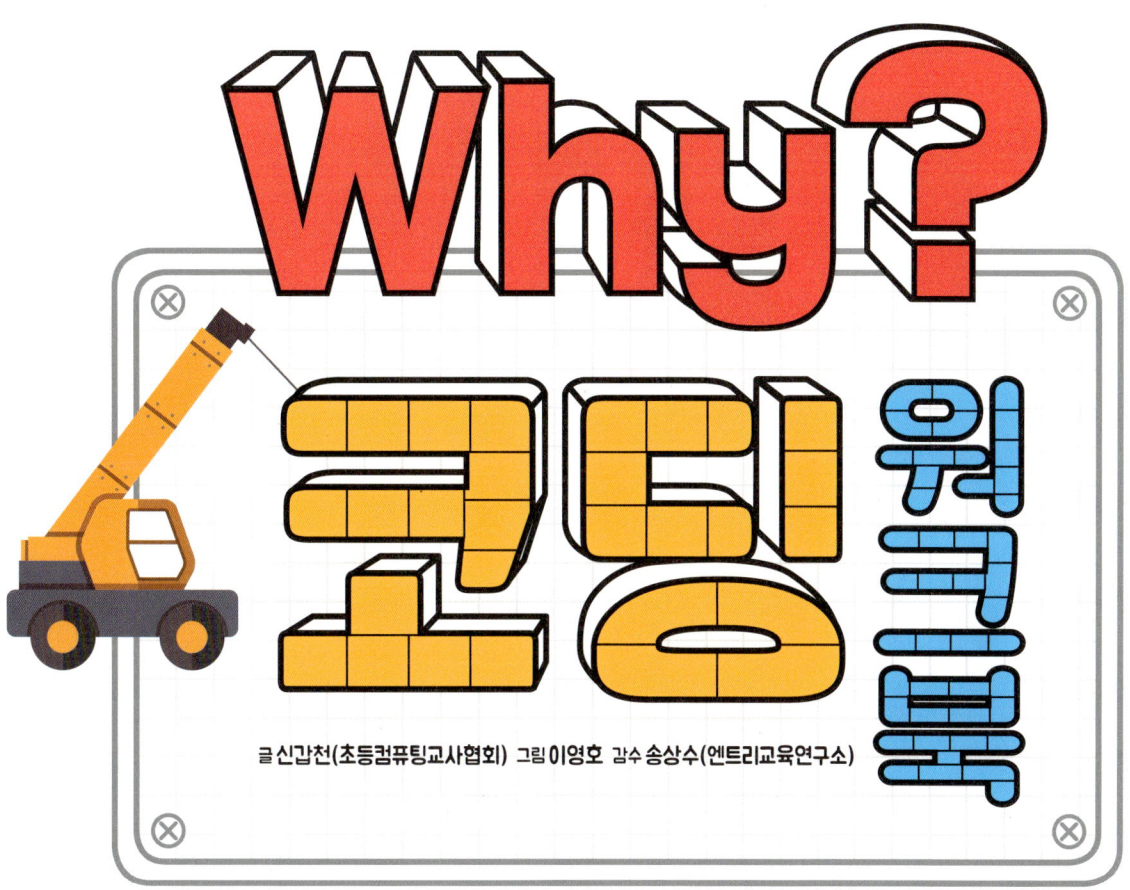

글 신갑천(초등컴퓨팅교사협회) 그림 이영호 감수 송상수(엔트리교육연구소)

들어가는 말

생각하는 힘을 키우는 즐거운 코딩!

여러분은 '소프트웨어'라는 말을 들어 본 적 있나요? 우리 생활을 편리하게 해 주는 컴퓨터나 스마트폰 같은 전자 기기는 모두 소프트웨어로 작동합니다. 소프트웨어가 없다면 컴퓨터는 그저 비싼 깡통에 불과합니다. 그만큼 소프트웨어가 중요하다는 말이지요. 앞으로 인공 지능과 로봇, IoT(사물인터넷) 등이 발전하면서 우리 생활에서 소프트웨어는 한층 더 중요하게 자리 잡게 될 것입니다.

이와 발맞추어 2019년에는 초등학교에서 의무적으로 SW(소프트웨어)교육을 할 예정에 있습니다. 수업 시간에 아이들 스스로 프로그램을 만들어 보는 것입니다. SW교육은 그저 컴퓨터 프로그램을 만드는 기술을 가르치는 것이 아닙니다. 어떤 프로그램을 어떻게 만들지 구상하며 창의력을, 컴퓨터가 명령어를 실행할 수 있도록 논리적으로 코딩하는 과정을 통해 컴퓨팅 사고력을, 문제에 맞닥뜨렸을 때 이를 해결해 나가는 과정을 통해 문제 해결력을 키울 수 있습니다.

컴퓨터로 프로그램 만드는걸 코딩이라고 해요.

직접 컴퓨터 프로그램을 만든다? 왠지 어려울 것 같다고요? 그렇지 않습니다. 쉽게 코딩을 할 수 있게 도와주는 마법 같은 프로그래밍 언어, 엔트리가 있으니까요. 엔트리는 그동안 사용해 왔던 복잡하고 어려운 컴퓨터 언어 대신 블록 형태로 되어 있어 장난감 블록을 끼워 맞추듯 명령어를 조립하면 프로그램을 만들 수 있습니다.

엔트리를 이용하면 좋아하는 동화를 애니메이션으로 만들 수도 있고, 내가 원하는 대로 게임을 만들 수도 있습니다. 식물의 성장 과정을 알려 주는 교육 프로그램도, 도난 방지 프로그램도 만들 수 있지요.

내가 상상한 대로 프로그램을 만들고 직접 실행시켜 보는 것은 아주 중요하고 특별한 경험이 될 것입니다. 이제 <Why? 코딩 워크북> 시리즈로 즐겁게 코딩을 시작해 보세요! 하나씩 따라 하며 코딩을 이해하다 보면 어느새 코딩 자신감이 쑥쑥 자라날 것입니다.

저자 소개

초등컴퓨팅교사협회 는 다방면에서 SW교육을 실천하고 있는 선생님들의 모임입니다. SW교육을 위한 교사 및 학생 연수를 주최하고, <EBS 소프트웨어야 놀자 1, 2> 제작에 참여했습니다. SW교육 관련 국제 교류 사업 및 SW교육 연계 로봇 페스티벌 등 다양한 기획을 추진 중에 있습니다.

이 책을 쓰신 신갑천 선생님 은 경인교육대학교에서 초등컴퓨터교육을 전공하고, 현재 경기도 내 초등학교에 재직 중입니다. SW교육에 관심이 많아 관련 집필과 강의 및 학생 지도를 활발하게 하고 있습니다. 대표적인 저서로는 <버그마왕과 엔트리월드의 위기> <Hello, 소프트웨어!> <언플러그드놀이> 등이 있습니다.

이 책을 감수하신 송상수 연구원 은 엔트리교육연구소 수석연구원으로, <EBS 소프트웨어야 놀자> 방송 기획·강의, 교육부 SW교육 선도교원 연수 교재 집필·강의, 교육부 SW교육 원격연수 개발, EBS 소프트웨어 교육 원격연수 개발·강의, <소프트웨어야 놀자> 교사용 지도서 집필 등 SW교육과 관련된 다양한 활동을 하고 있습니다.

이 책의 특징

이 책은 크게 5단계로 구성되어 있습니다.
순서대로 따라 하기만 하면 코딩의 원리를 배우고,
뚝딱뚝딱 쉽게 프로그램을 완성할 수 있지요.
꼼지, 엄지, 박사님, 엔트리봇과 함께 차근차근 따라 해
보세요. 스스로 생각하며 프로그램을 만들어
보는 사이, 코딩 실력이 쑥쑥 늘어날 것입니다.

1 만화를 읽어요

각 장 첫 페이지에 도입 만화가
있습니다. 만화를 통해 각 장에서
배울 원리를 살짝 엿볼 수 있습니다.

2 작품을 살펴봐요

<활동1>에서 완성 작품을 미리 살펴보며
어떤 오브젝트가 필요한지, 어떤 식으로
코딩할지 생각해 봅니다.

3. 코드를 만들어요

〈활동2〉에서 직접 코딩해 봅니다.
하나하나 그대로 따라 하면 누구나
쉽게 코드를 완성할 수 있습니다.
중요한 원리는 팁박스로 따로
설명되어 있습니다.

미션을 해결하면
코딩 실력이 한 단계
업그레이드
될 거예요!

엄지

4. 코드를 확인해요

전체 코드를 한눈에 보면서 제대로
코딩했는지 확인합니다.

5. 미션에 도전해요

각 장의 마지막에는 〈코딩, Level Up!〉
미션이 있습니다. 앞에서 배웠던 원리를
참고로 직접 미션을 해결해 봅니다.

1장 등장인물 소개하기 — 11
전체 코드 확인하기 — 21
코딩 Level Up! — 22

2장 달리기 시합 — 23
전체 코드 확인하기 — 33
코딩 Level Up! — 34

3장 그림일기 — 35
전체 코드 확인하기 — 48
코딩 Level Up! — 50

4장 꿈 발표하기 — 51
전체 코드 확인하기 — 61
코딩 Level Up! — 62

5장 순간 이동하는 곰   63

전체 코드 확인하기 ——— 73
코딩 Level Up! ——— 74

6장 열 꼬마 인디언 ——— 75

전체 코드 확인하기 ——— 87
코딩 Level Up! ——— 88

7장 특별한 수족관 ——— 89

전체 코드 확인하기 ——— 104
코딩 Level Up! ——— 106

8장 도깨비방망이 이야기 ——— 107

전체 코드 확인하기 ——— 118
코딩 Level Up! ——— 120

코딩 Level Up! 정답 페이지 ——— 121

1장
등장인물 소개하기

 엄지가 재미있는 이야기를 만들었네요. 등장인물들이 숨어 있다 나타나서 자기소개를 하는 소개 장면은 어떻게 만들면 좋을까요?

활동 1 작품 살펴보기

 **완성 작품 구성 미리보기**

다음 주소 https://goo.gl/hBZCrM 로 들어가면 완성 작품이 있습니다. 작품명은 '애니_01장'으로, 엔트리 사이트 공유하기에서 'whycoding2'를 검색해도 작품을 볼 수 있습니다.

미리보기 QR코드로도 작품을 볼 수 있어요.

Step 1 할아버지 마법사가 깜빡이며 등장해 자기소개를 합니다.

Step 2 금발왕자가 깜빡이며 등장해 자기소개를 합니다.

Step 3 머리 긴 공주가 깜빡이며 등장해 자기소개를 합니다.

Step 4 무섭게 생긴 용이 깜빡이며 등장해 자기소개를 합니다.

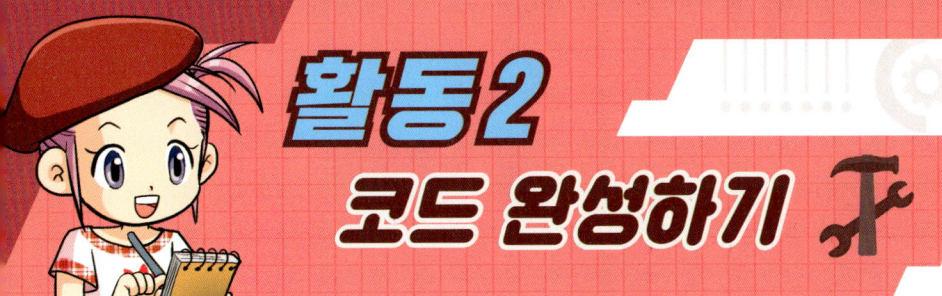

오브젝트 배치하기

1 '오브젝트 추가하기▶배경▶실외▶무대'를 선택해 배경을 만듭니다. 오브젝트 추가하기 창에서 '무대'를 검색해서 찾아도 됩니다.

2 '오브젝트 추가하기▶판타지▶할아버지 마법사'를 선택해 오브젝트를 추가하고, 오브젝트 목록에서 위치를 바꿉니다.

▶ 할아버지 마법사의 X좌표를 −130, Y좌표를 −65로 바꿉니다.

4 '오브젝트 추가하기▶판타지▶머리 긴 공주(1)'을 선택해 오브젝트를 추가하고, 오브젝트 목록에서 위치를 바꿉니다.

▶ 머리 긴 공주(1)의 X좌표를 25, Y좌표를 −65로 바꿉니다.

3 '오브젝트 추가하기▶판타지▶금발왕자(1)'을 선택해 오브젝트를 추가하고, 오브젝트 목록에서 위치를 바꿉니다.

▶ 금발왕자(1)의 X좌표를 −45, Y좌표를 −65로 바꿉니다.

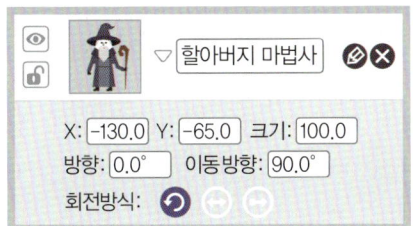

5 '오브젝트 추가하기▶판타지▶용(3)'을 선택해 오브젝트를 추가하고, 오브젝트 목록에서 위치와 크기를 바꿉니다.

▶ 용(3)의 X좌표를 105, Y좌표를 −25, 크기를 220으로 바꿉니다.

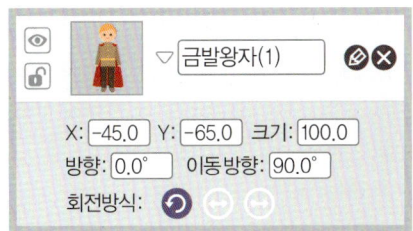

Step1 만들기-①

할아버지 마법사가 처음에는 보이지 않습니다.

1 시작 블록꾸러미에서 [시작하기 버튼을 클릭했을 때] 를 끌어다 놓습니다.

▶시작하기 버튼을 클릭하면 아래 연결된 블록들이 실행됩니다.

2 생김새 블록꾸러미에서 [모양 숨기기] 를 끌어다 연결합니다.

▶시작하기 버튼을 클릭하면 할아버지 마법사가 실행화면에서 보이지 않습니다.

3 움직임 블록꾸러미에서 [x: 0 y: 0 위치로 이동하기] 를 끌어다 연결하고,

x좌표를 –130, y좌표를 –65로 바꿉니다.

▶할아버지 마법사가 등장할 위치를 정해 주는 것입니다.

4 흐름 블록꾸러미에서 [2 초 기다리기] 를 끌어다 연결합니다.

▶2초 동안 다음 블록이 실행되지 않고 기다립니다.
즉, 할아버지 마법사는 2초 동안 보이지 않는 상태가 됩니다.

Step 1 만들기 - ②

할아버지 마법사가 깜빡이며 등장해 자기소개를 합니다.

1 🔺생김새 블록꾸러미에서 `모양 보이기` 를 끌어다 연결합니다.
▶ 할아버지 마법사가 실행화면에서 보이게 됩니다.

2 🔹흐름 블록꾸러미에서 `2 초 기다리기` 를 끌어다 연결하고, 0.5초로 바꿉니다.
▶ 할아버지 마법사가 0.5초 동안 보이게 됩니다.

3 🔺생김새 블록꾸러미에서 `모양 숨기기` 와 `모양 보이기` 를 연달아 끌어다 연결합니다.
▶ 할아버지 마법사가 실행화면에서 보이지 않았다가 다시 보이게 됩니다.

모양 보이기와 모양 숨기기를 반복하면 오브젝트가 나타났다 사라졌다 다시 나타나며 깜빡거려 보입니다.

4 🔺흐름 블록꾸러미에서 2초 기다리기 를 끌어다 사이에 끼워 넣고,
0.5초로 바꿉니다.

▶ 할아버지 마법사가 0.5초 동안 보이지 않게 됩니다.

5 🔺생김새 블록꾸러미에서  를 끌어다 연결하고,
'나는 왕자를 도와주는 마법사라네.'와 2초로 바꿉니다.

▶ 할아버지 마법사가 2초 동안 입력한 말을 합니다.

Step2 만들기

할아버지 마법사의 소개가 끝난 뒤, 금발왕자가 깜빡이며 등장해 자기소개를 합니다.

1 할아버지 마법사의 완성된 코드에 마우스를 대고 오른쪽 버튼을 클릭해 코드 복사를 합니다.

▶ 할아버지 마법사의 코드가 복사됩니다.

2 실행화면에서 금발왕자(1)을 선택합니다.

▶ 금발왕자에게 코드를 붙여 넣기 위해서입니다.

3 금발왕자(1)의 블록조립소의 빈 공간에 마우스를 대고 오른쪽 버튼을 클릭해 코드를 붙여 넣습니다.

▶ 복사해 둔 할아버지 마법사 코드가 붙여 넣어집니다.

비슷한 블록을 조립할 때는 코드를 복사해서 붙여 넣으면 편리합니다. 이때 블록의 값을 잘 살펴보고 오브젝트에 맞게 바꿔 주어야 합니다.

4 `x: -130 y: -65 위치로 이동하기` 의 x좌표를 -45로 바꿉니다.

▶ 복사해 온 블록의 값은 할아버지 마법사의 위치이므로 그보다 오른쪽에 금발왕자가 등장하도록 위치를 다시 정해 주는 것입니다.

5 `2 초 기다리기` 의 값을 5초로 바꿉니다.

▶ 할아버지 마법사의 자기소개가 끝난 뒤 등장하기 위해서입니다.

6 `나는 왕자를 도와주는 마법사라네. 을(를) 2 초 동안 말하기` 의 대사를 '저는 공주를 구하러 가는 왕자입니다.'로 바꿉니다.

17

Step3 만들기

금발왕자의 소개가 끝난 뒤, 머리 긴 공주가 깜빡이며 등장해 자기소개를 합니다.

1 금발왕자(1) 때처럼 할아버지 마법사의 완성된 코드에 마우스를 대고 오른쪽 버튼을 클릭해 코드 복사를 합니다.

2 실행화면에서 '머리 긴 공주(1)'을 선택한 뒤, 블록조립소의 빈 공간에 붙여 넣습니다.

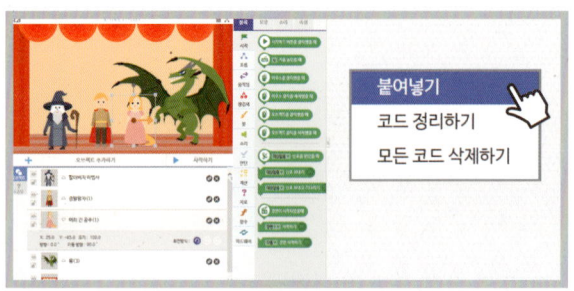

3 x: -130 y: -65 위치로 이동하기 의 x좌표를 25로 바꿉니다.
▶ 금발왕자보다 오른쪽에 등장하도록 위치를 정해 주는 것입니다.

4 `2 초 기다리기` 의 값을 8초로 바꿉니다.
▶ 할아버지 마법사와 금발왕자가 자기소개를 끝낸 뒤 등장하기 위해서입니다.

5  의 대사를 '저는 아름다운 공주예요.'로 바꿉니다.

Step4 만들기

머리 긴 공주의 소개가 끝난 뒤, 용이 깜빡이며 등장해 자기소개를 합니다.

1 할아버지 마법사의 완성된 코드에 마우스를 대고 오른쪽 버튼을 클릭해 코드 복사를 합니다.

2 실행화면에서 '용(3)' 오브젝트를 선택한 뒤, 블록조립소의 빈 공간에 붙여 넣습니다.

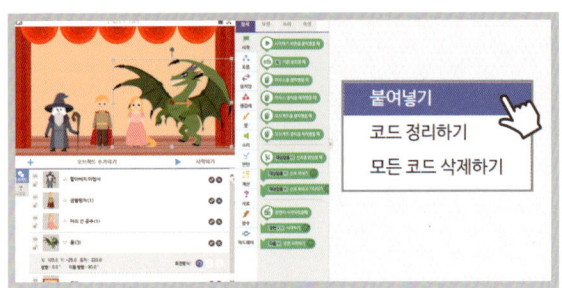

3 `x: -130 y: -65 위치로 이동하기` 의 x좌표를 105, y좌표를 -25로 바꿉니다.
▶ 머리 긴 공주보다 오른쪽에 등장하도록 위치를 정해 주는 것입니다.

4 `2 초 기다리기` 의 값을 11초로 바꿉니다.
▶ 할아버지 마법사와 금발왕자, 머리 긴 공주가 자기소개를 한 뒤 등장하기 위해서입니다.

5 `나는 왕자를 도와주는 마법사라네. 을(를) 2 초 동안 말하기` 의 대사를
'나는 무서운 용이다!'로 바꿉니다.

전체 코드 확인하기

블록이 잘 조립되었는지 확인하고, 시작하기 버튼을 눌러 실행해 봅시다.

등장인물을 소개하는 작품을 잘 따라 만들어 보았나요?
이런 방법으로 가족이나 친구를 소개해 보면 어떨까요?

 가족이나 친구 사진을 배경으로 넣고, 하트 오브젝트가 사람을 옮겨 다니며 소개하도록 작품을 만들어 보세요.

내 컴퓨터에 있는 사진은 [오브젝트 추가] – [파일 업로드]를 통해 오브젝트로 넣을 수 있습니다. 그러려면 디지털카메라나 휴대 전화로 찍은 사진을 먼저 컴퓨터로 옮겨야겠죠? 이 부분이 어려우면 어른들의 도움을 받으세요.

이번 미션을 잘 해결했나요?
저는 초보 마법사입니다. 여러분이 앞으로 미션을
해결할 때마다 마법 아이템을 얻어 점점 성장하게
되지요. 제가 훌륭한 마법사가 될 수 있도록
미션을 멋지게 해결해 보세요!

 현재의 모습
정답은 122쪽에서 확인해 보세요!

2장 달리기 시합

꼼지가 고양이와 강아지의 시합 장면을 만들려고 해요. 고양이와 강아지가 달려가는 모습을 실감 나게 표현하려면 어떻게 해야 할까요?

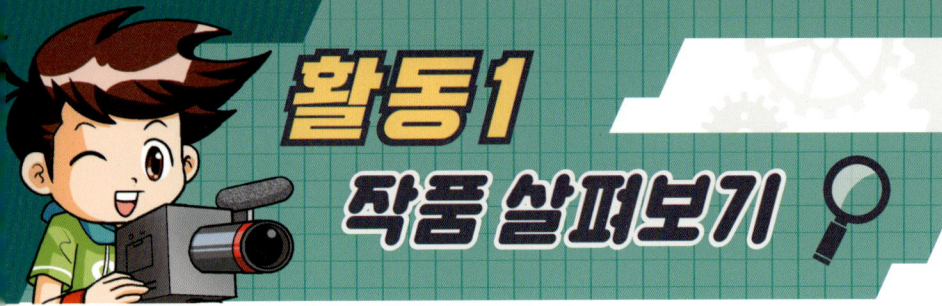

 완성 작품 구성 미리보기

다음 주소 https://goo.gl/bnL3Rm 로 들어가면 완성 작품이 있습니다. 작품명은 '애니_02장'으로, 엔트리 사이트 공유하기에서 'whycoding2'를 검색해도 작품을 볼 수 있습니다.

미리보기 QR코드로도 작품을 볼 수 있어요.

Step 1 고양이가 강아지에게 시합하자고 말을 건넵니다.

Step 2 강아지가 좋다고 대답합니다.

Step 3 강아지와 고양이가 나란히 달려갑니다.

Step 4 강아지와 고양이가 화면 끝에서 사라집니다.

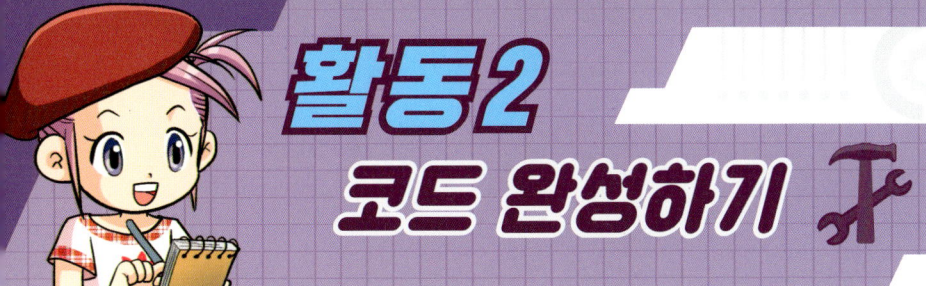

오브젝트 배치하기

1  '오브젝트 추가하기▶배경▶실외▶운동장'을 선택해 배경을 만듭니다.

2 '오브젝트 추가하기▶동물▶땅▶고양이'를 선택해 오브젝트를 추가하고, 오브젝트 목록에서 위치를 바꿉니다.

▶ 고양이의 X좌표를 −185, Y좌표를 −5로 바꿉니다.

3 '오브젝트 추가하기▶동물▶땅▶강아지'를 선택해 오브젝트를 추가하고, 오브젝트 목록에서 위치를 바꿉니다.

▶ 강아지의 X좌표를 −185, Y좌표를 −75로 바꿉니다.

잠깐!

오브젝트 목록에서 맨 위에 놓이는 오브젝트가 실행화면에서는 맨 앞에 오게 됩니다. 왼쪽처럼 되어 있으면 강아지가 고양이 앞으로 나오게 되는 것입니다.

Step 1 만들기

고양이가 강아지에게 시합하자고 말을 건넵니다.

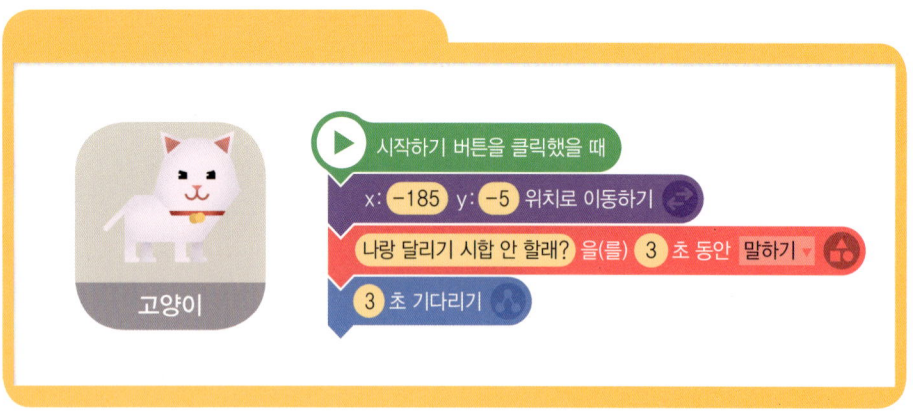

1. ▶ 시작 블록꾸러미에서 **시작하기 버튼을 클릭했을 때** 를 끌어다 놓습니다.

2. ↔ 움직임 블록꾸러미에서 **x: 0 y: 0 위치로 이동하기** 를 끌어다 연결하고, x좌표를 -185, y좌표를 -5로 바꿉니다.
   ▶고양이의 처음 위치를 정해 주는 것입니다.

3 🔺 생김새 블록꾸러미에서  를 끌어다 연결하고, '나랑 달리기 시합 안 할래?'와 3초로 바꿉니다.

4 🔺 흐름 블록꾸러미에서 `2 초 기다리기` 를 끌어다 연결하고, 3초로 바꿉니다.
▶ 강아지가 질문에 답하는 동안 고양이가 말하지 않고 기다리게 하기 위해서입니다.

Step2 만들기

강아지가 시합하자고 대답합니다.

1 🚩 시작 블록꾸러미에서 `시작하기 버튼을 클릭했을 때` 를 끌어다 놓습니다.

2 ↔ 움직임 블록꾸러미에서 `x: 0 y: 0 위치로 이동하기` 를 끌어다 연결하고, x좌표를 -185, y좌표를 -75로 바꿉니다.

3 🔺 흐름 블록꾸러미에서 `2 초 기다리기` 를 끌어다 연결하고, 3초로 바꿉니다.
▶ 고양이가 질문하는 동안 강아지는 말하지 않고 기다리게 하기 위해서입니다.

4 🔺 생김새 블록꾸러미에서 `안녕! 을(를) 4 초 동안 말하기` 를 끌어다 연결하고, '좋아! 시합하자.'와 3초로 바꿉니다.

Step3 만들기-①

고양이가 달려갑니다.

1. 🔻흐름 블록꾸러미에서 `10 번 반복하기` 를 끌어다 연결하고, 반복하는 값을 50으로 바꿉니다.
   ▶ `계속 반복하기` 를 써도 되지만 여기에서는 반복하는 횟수를 정해 주었습니다. 50번 반복하게 되면 실행화면의 가로 크기인 480을 넘기 때문에 화면 밖으로 나가게 됩니다.

2. 🔺생김새 블록꾸러미에서 `다음 모양으로 바꾸기` 를 끌어다 반복 블록 안쪽에 연결합니다.
   ▶ 고양이의 모양을 바꿔 달리는 모양으로 만들어 줍니다.

3. ↔움직임 블록꾸러미에서 `이동 방향으로 10 만큼 움직이기` 를 끌어다 연결합니다.
   ▶ 한 번 실행될 때 이동하는 거리를 '10'으로 정해 준 것입니다. 수가 클수록 빨리 달리게 됩니다.

4. 🔻흐름 블록꾸러미에서 `2 초 기다리기` 를 끌어다 연결하고, 0.1초로 바꿉니다.

> 기다리는 시간을 넣지 않으면 오브젝트가 너무 빨리 실행되기 때문에 마치 변화가 없는 것처럼 보입니다. 그래서 0.1초라는 약간의 시간을 넣어 준 것입니다.

Step3 만들기-②

강아지가 달려갑니다.

1. 흐름 블록꾸러미에서 `10번 반복하기`를 끌어다 연결하고, 50으로 바꿉니다.

2. 생김새 블록꾸러미에서 `다음 모양으로 바꾸기`를 끌어다 반복 블록 안쪽에 연결합니다.

3. 움직임 블록꾸러미에서 `이동 방향으로 10 만큼 움직이기`를 끌어다 연결합니다.

4. 흐름 블록꾸러미에서 `2초 기다리기`를 끌어다 연결하고, 0.1초로 바꿉니다.

잠깐!

강아지가 달리게 하는 코드는 고양이가 달리게 하는 코드와 같습니다. 그렇기 때문에 고양이 오브젝트에 넣었던 코드를 통째로 복사해서 사용할 수도 있습니다.

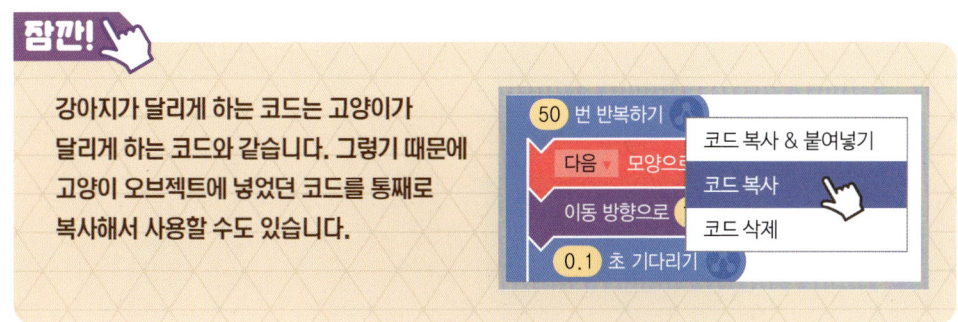

Step4 만들기-①

고양이가 화면 끝에 닿자 사라집니다.

1 🏁 시작 블록꾸러미에서 ▶시작하기 버튼을 클릭했을 때 를 끌어다 놓습니다.

2 흐름 블록꾸러미에서 계속 반복하기 를 끌어다 연결합니다.
▶ 블록 안의 내용을 프로그램이 종료될 때까지 계속 반복합니다.

3 흐름 블록꾸러미에서 만일 참 이라면 을 끌어다 반복 블록 안쪽에 연결합니다.
▶ 조건이 '참'이 될 때, 블록 안의 명령이 실행됩니다.

4 판단 블록꾸러미에서 마우스포인터 에 닿았는가? 를 끌어다 만일 참 이라면 의 참 부분에 끼워 넣습니다.
그리고 ▼를 클릭해 '오른쪽 벽'을 선택합니다.

> 아! 고양이가 오른쪽 벽에 닿으면 '조건'을 만족하게 되어 블록 안에 있는 명령이 실행되는 거구나.

잠깐!

'마우스포인터' 글자 옆의 ▼를 클릭하면 바꿀 수 있는 값들이 나옵니다. 강아지, 고양이처럼 내가 추가한 오브젝트도 목록에 나오니, 이 중에서 원하는 값을 선택하면 됩니다.

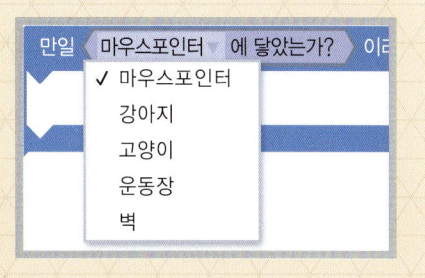

5 　생김새 블록꾸러미에서 　모양 숨기기　 를 끌어다 판단 블록 안쪽에 연결합니다.
　▶고양이가 오른쪽 벽에 닿으면, 조건이 참이 되면서 화면에서 보이지 않게 됩니다.

Step4 만들기-②

강아지가 화면 끝에 닿자 사라집니다.

1 　시작 블록꾸러미에서 　시작하기 버튼을 클릭했을 때　 를 끌어다 놓습니다.

2 　흐름 블록꾸러미에서 　계속 반복하기　 를 끌어다 연결합니다.

3 〈흐름〉 블록꾸러미에서 〈만일 참 이라면〉 을 끌어다 반복 블록 안쪽에 연결합니다.

4 〈판단〉 블록꾸러미에서 〈마우스포인터 에 닿았는가?〉 를 끌어다
〈만일 참 이라면〉 의 〈참〉 부분에 끼워 넣고, ▼를 클릭해 '오른쪽 벽'을 선택합니다.

5 〈생김새〉 블록꾸러미에서 〈모양 숨기기〉 를 끌어다 판단 블록 안쪽에 연결합니다.

강아지를 사라지게 하는
코드는 고양이를 사라지게
하는 코드와 똑같아.

코드를 그대로
복사해서 붙여
넣어도 돼.

오~
그렇구나.

전체 코드 확인하기

블록이 잘 조립되었는지 확인하고, 시작하기 버튼을 눌러 실행해 봅시다.

코딩 Level Up!

모양을 바꿔 움직이는 것처럼 보이게 하는 것은 애니메이션의 기초입니다. '소마트로프'라는 초기의 애니메이션 기구가 있습니다. 작은 원판의 앞뒤에 각각 다른 그림을 그려 놓고 양쪽 끝에 달린 줄을 잡아당겨 그림을 회전시키면 두 개의 그림이 하나로 합쳐져 보이지요.

 소마트로프 원리를 이용해, 새와 새장을 번갈아 보여 주어 새를 새장에 가둬 보세요.

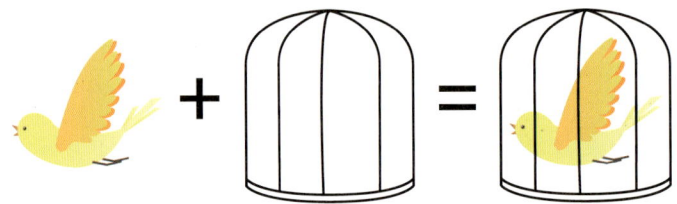

Tip  새장 오브젝트는 엔트리에 없습니다. 모양 탭에서 직접 그려서 사용해야 해요.

마법 지팡이 획득!

미션을 해결했다면, 이제 당신의 마법사는 '마법 지팡이' 아이템을 얻었습니다.

정답은 123쪽에서 확인해 보세요!

3장 그림일기

 멋진 그림에 소리까지 곁들여지면 정말 생생한 그림일기가 되겠죠?
엔트리로 나만의 특별한 그림일기를 만들어 볼까요?

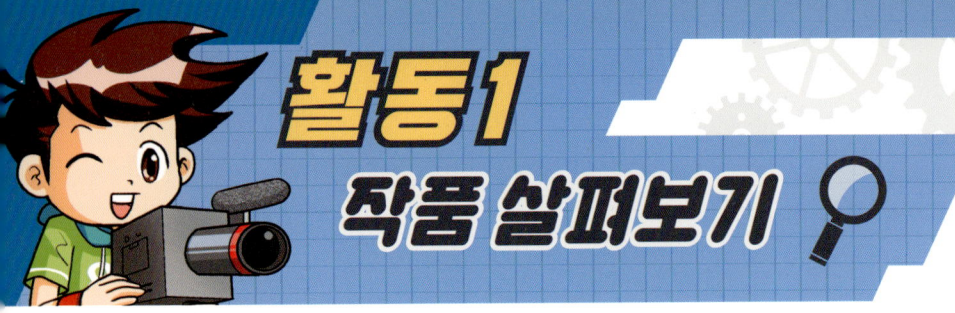

 완성 작품 구성 미리보기

다음 주소 https://goo.gl/7JpDTr 로 들어가면 완성 작품이 있습니다. 작품명은 '애니_03장'으로, 엔트리 사이트 공유하기에서 'whycoding2'를 검색해도 작품을 볼 수 있습니다.

미리보기 QR코드로도
작품을 볼 수 있어요.

*이 작품은 4개의 장면으로 구성되어 있습니다.

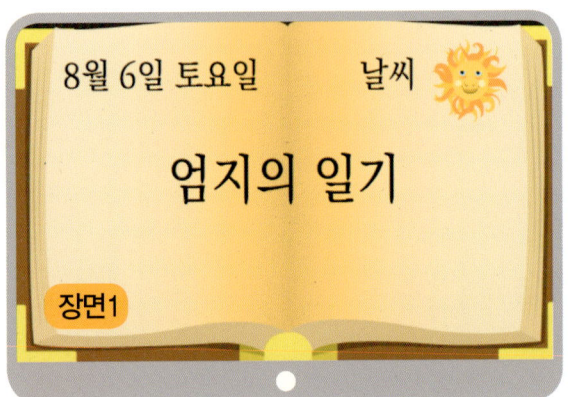

Step 1 첫 장면에 날짜, 날씨, 제목이 차례로 나타나며 귀뚜라미 소리가 들립니다.

Step 2 스페이스 키를 누르면 장면이 바뀌고, 뱃고동 소리가 들리며 일기 내용이 보입니다.

Step 3 스페이스 키를 누르면 다시 장면이 바뀌고, 파도 소리와 함께 일기의 내용이 보입니다.

Step 4 스페이스 키를 누르면 다시 장면이 바뀌고, 부엉이 소리와 함께 일기의 내용이 보입니다.

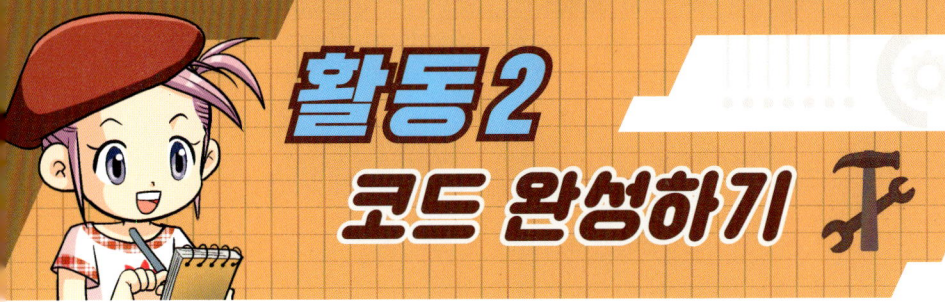

활동 2 코드 완성하기

 장면1 오브젝트 배치하기

1 '오브젝트 추가하기▶배경▶기타▶책 배경'을 선택해 배경을 만듭니다.

2 '오브젝트 추가하기▶ 글상자 탭'을 선택한 뒤, '8월 6일 토요일'을 글상자 칸에 쓰고 적용합니다.

▶ 배경색은 투명해야 하므로 ⌀를 선택합니다.

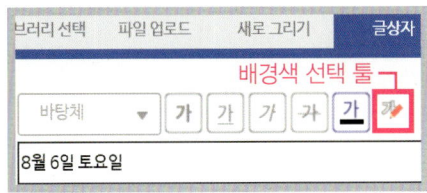

3 오브젝트 목록에서 글상자의 이름과 위치, 크기를 바꿉니다.

▶ 글상자의 이름을 '날짜'로 바꿉니다.
▶ 글상자의 X좌표를 −105, Y좌표를 90으로 바꿉니다.
▶ 글상자의 크기를 100으로 바꿉니다.

4 2, 3 을 반복해 '날씨'와 '엄지의 일기'라는 '제목' 글상자를 만듭니다.

▶ '날씨' 글상자의 X좌표를 90, Y좌표를 90으로 바꿉니다.
▶ '날씨' 글상자의 크기를 40으로 바꿉니다.
▶ '제목' 글상자의 Y좌표를 10으로 바꿉니다.
▶ '제목' 글상자의 크기를 125로 바꿉니다.

5 '오브젝트 추가하기▶환경▶햇님'을 선택해 오브젝트를 추가하고, 오브젝트 목록에서 위치와 크기를 바꿉니다.

▶ 햇님의 X좌표를 160, Y좌표를 85로 바꿉니다.
▶ 햇님의 크기를 65로 바꿉니다.

6 적절하게 배치되었는지 확인합니다.

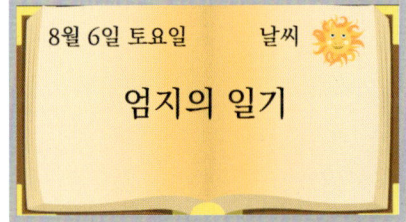

서체나 배경은 원하는 것으로 바꿔도 됩니다.

Step 1 만들기-①

날짜가 나타납니다.

1 ▶️시작 블록꾸러미에서 시작하기 버튼을 클릭했을 때 를 끌어다 놓습니다.

2 🔺생김새 블록꾸러미에서 모양 숨기기 를 끌어다 연결합니다.
  ▶시작하기 버튼을 클릭하면 '날짜' 글상자가 보이지 않게 됩니다.

3 흐름 블록꾸러미에서 2 초 기다리기 를 끌어다 연결합니다.
  ▶글상자가 2초 동안 보이지 않습니다.

4 🔺생김새 블록꾸러미에서 모양 보이기 를 끌어다 연결합니다.
  ▶'날짜' 글상자가 보입니다.

왜 숨기기랑 보이기를 연달아 써 주는 거야?

이렇게 하면 글자가 보이지 않다가 나타나는 효과를 줄 수 있거든.

Step 1 만들기-②

날짜에 이어 날씨, 햇님, 제목이 차례대로 나타납니다.

1. '날짜' 글상자의 완성된 코드에 마우스를 대고 오른쪽 버튼을 클릭해 코드 복사를 합니다.

2. 실행화면에서 '날씨' 글상자를 선택합니다.

3. '날씨' 글상자의 블록조립소의 빈 공간에 마우스를 대고 오른쪽 버튼을 클릭해 코드를 붙여 넣습니다.

4. 2초 기다리기 의 시간을 3초로 바꿉니다.
   ▶글상자가 3초 동안 보이지 않게 됩니다.

5. 햇님 오브젝트와 '제목' 글상자에도 1 ~ 3 의 과정을 통해 코드를 복사해 넣고, 각각 시간을 4초와 5초로 바꿔 줍니다.

Step1 만들기-③

화면에 제목이 뜰 때 귀뚜라미 울음소리가 나고, 스페이스 키를 누르면 다음 장면으로 넘어갑니다.

1 책 배경 오브젝트를 선택한 뒤, 소리 탭에서 '소리 추가'를 클릭합니다.

2 자연▶동물/곤충▶귀뚜라미 울음소리'를 선택해 적용합니다.
  ▶귀뚜라미 울음소리를 책 배경 오브젝트에 포함시키는 것입니다.

3 시작 블록꾸러미에서 시작하기 버튼을 클릭했을 때 를 끌어다 놓습니다.

4 흐름 블록꾸러미에서 2 초 기다리기 를 끌어다 연결하고, 5초로 바꿉니다.
  ▶5초 동안 다음 블록이 실행되지 않습니다.

5 소리 블록꾸러미에서 소리 귀뚜라미 울음소리 재생하기 를 끌어다 연결합니다.

6 시작 블록꾸러미에서 q 키를 눌렀을 때 를 끌어다 놓고, q 를 클릭해 가상 키보드가 나타나면 실제 키보드에서 '스페이스 키'를 눌러 선택합니다.
  ▶키보드의 스페이스 키를 누르면 연결되어 있는 블록이 실행됩니다.

7 ▶ 시작 블록꾸러미에서  를 끌어다 연결합니다.

▶ 키보드의 스페이스 키를 누르면 다음 장면으로 바뀝니다.

장면2 오브젝트 배치하기

1 장면 추가 버튼을 눌러 '장면2'를 만듭니다.

▶ 장면1에서 스페이스 키를 누르면 실행되는 장면입니다.

2 '오브젝트 추가하기▶배경▶실외▶제주도 돌담집'을 선택해 배경을 만듭니다.

3 '오브젝트 추가하기▶ 글상자 탭'을 선택한 뒤, '여름 방학이라서 엄마, 아빠와 함께 배를 타고 제주도에 있는 할머니 댁에 갔다.'를 글상자 칸에 쓰고 적용합니다.

4 배경과 어울리도록 배경색은 투명으로, 글자색은 흰색으로 선택합니다.

▶ 글상자 오브젝트를 편집하고 싶을 때는, 오브젝트 목록에서 해당 오브젝트를 선택하고 글상자 탭을 클릭하면 수정할 수 있습니다.

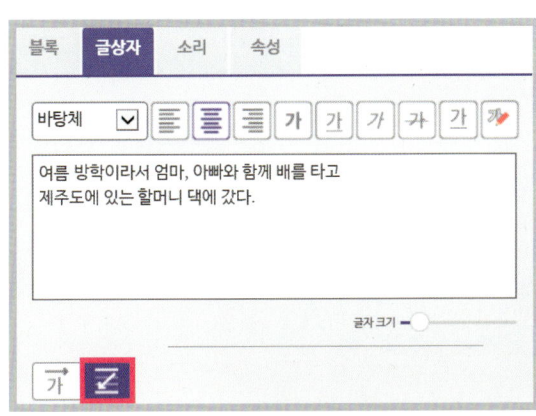

글이 두 줄 넘게 길면 줄 바꿈을 해서 보기 좋게 정리하는 게 좋겠다.

5 글상자의 위치와 크기를 바꿔 글을 보기 좋게 정리합니다.

▶ 글상자의 X좌표를 0, Y좌표를 −110으로 바꿉니다.
▶ 글상자의 크기를 230으로 바꿉니다.

6 적절하게 배치되었는지 확인합니다.

글상자 안의 글이 다 보이지 않으면 글자 크기를 줄이거나 글상자 크기를 키워 글이 잘 보이도록 조절합니다.

Step2 만들기

장면2로 넘어오면 뱃고동 소리가 나고, 스페이스 키를 누르면 다음 장면으로 넘어갑니다.

1. 제주도 돌담집 오브젝트를 선택한 뒤, 소리 탭에서 '소리 추가'를 클릭합니다.

2. '사물▶이동수단▶뱃고동 소리'를 선택해 적용합니다.
   ▶뱃고동 소리가 제주도 돌담집 오브젝트에 포함됩니다.

3. 🏁 시작 블록꾸러미에서 [장면이 시작되었을 때] 를 끌어다 놓습니다.

어?
왜 '시작하기 버튼을 클릭했을 때'가 아니라 '장면이 시작되었을 때' 블록을 써요?

'시작하기 버튼을 클릭했을 때' 블록을 넣으면 '장면1'이 시작될 때 '장면2'도 같이 실행되어 버려. 여기서처럼 장면이 바뀐 뒤 실행되게 하려면 '장면이 시작되었을 때' 블록을 넣어야 해.

4. 소리 블록꾸러미에서 [소리 뱃고동 소리 재생하기] 를 끌어다 연결합니다.

5. 🏁 시작 블록꾸러미에서 [q 키를 눌렀을 때] 를 끌어다 놓고, q 를 클릭해 '스페이스 키'를 선택합니다.

6. 🏁 시작 블록꾸러미에서 [다음 장면 시작하기] 를 끌어다 연결합니다.

 ## 장면3 오브젝트 배치하기

1 장면 추가 버튼을 눌러 '장면3'을 만듭니다.
　▶장면2에서 스페이스 키를 누르면 실행되는 장면입니다.

2  '오브젝트 추가하기▶배경▶자연▶해변가'를 선택해 배경을 만듭니다.

3 '오브젝트 추가하기▶ 글상자 탭'을 선택한 뒤, '할머니 댁은 바닷가 근처여서 우리는 해변에서 재미있게 놀았다.'를 글상자 칸에 쓰고 적용합니다.

4 배경과 어울리도록 배경색은 투명으로 선택합니다.

5 글상자의 위치와 크기를 바꿔 글을 보기 좋게 정리합니다.
　▶글상자의 X좌표를 0, Y좌표를 -100으로 바꿉니다.
　▶글상자의 크기를 175로 바꿉니다.

6 적절하게 배치되었는지 확인합니다.

음~ 글자 크기도 적당하고 이 정도면 됐어.

Step3 만들기

장면3으로 넘어오면 파도 소리가 나고, 스페이스 키를 누르면 다음 장면으로 넘어갑니다.

1 해변가 오브젝트를 선택한 뒤, `소리` 탭에서 '소리 추가'를 클릭합니다.

2 '자연▶전체▶파도 소리'를 선택해 적용합니다.
▶파도 소리가 해변가 오브젝트에 포함됩니다.

3 🏁시작 블록꾸러미에서 `장면이 시작되었을 때` 를 끌어다 놓습니다.

4 🔊소리 블록꾸러미에서 `소리 파도 소리 재생하기` 를 끌어다 연결합니다.

5 🏁시작 블록꾸러미에서 `q 키를 눌렀을 때` 를 끌어다 놓고, `q` 를 클릭해 '스페이스 키'를 선택합니다.

6 🏁시작 블록꾸러미에서 `다음 장면 시작하기` 를 끌어다 연결합니다.

장면4 오브젝트 배치하기

1 장면 추가 버튼을 눌러 '장면4'를 만듭니다.
▶ 장면3에서 스페이스 키를 누르면 실행되는 장면입니다.

2 '오브젝트 추가하기▶배경▶자연▶별 헤는 밤'을 선택해 배경을 만듭니다.

3 '오브젝트 추가하기▶ 글상자 탭'을 선택한 뒤, '밤에는 고구마를 먹으며 별을 보았다. 정말 재미있는 하루였다.'를 글상자 칸에 쓰고 적용합니다.

4 배경과 어울리도록 배경색은 투명으로, 글자색은 흰색으로 선택합니다.

5 글상자의 위치와 크기를 바꿔 글을 보기 좋게 정리합니다.
▶ 글상자의 X좌표를 0, Y좌표를 −100으로 바꿉니다.
▶ 글상자의 크기를 265로 바꿉니다.

6 '오브젝트 추가하기▶환경▶우주▶별(1),(2),(3)'을 차례로 선택해 오브젝트를 추가하고, 오브젝트 목록에서 위치를 바꿉니다.
▶ 별(1)의 X좌표를 −1, Y좌표를 52로 바꿉니다.
▶ 별(2)의 X좌표를 −155, Y좌표를 67로 바꿉니다.
▶ 별(3)의 X좌표를 151, Y좌표를 61로 바꿉니다.

7 '오브젝트 추가하기▶음식▶과일/채소▶고구마'를 선택해 오브젝트를 추가하고, 오브젝트 목록에서 위치와 크기를 바꿉니다.
▶ 고구마의 X좌표를 180, Y좌표를 −50으로 바꿉니다.
▶ 고구마의 크기를 70으로 바꿉니다.

8 '오브젝트 추가하기▶환경▶기타▶모닥불'을 선택해 오브젝트를 추가하고, 오브젝트 목록에서 위치와 크기를 바꿉니다.
▶ 모닥불의 X좌표를 180, Y좌표를 −105로 바꿉니다.
▶ 모닥불의 크기를 80으로 바꿉니다.

9 적절하게 배치되었는지 확인합니다.

Step4 만들기

장면4로 넘어오면 부엉이 울음소리가 나고, 스페이스 키를 누르면 첫 장면으로 넘어갑니다.

1 별 헤는 밤 오브젝트를 선택한 뒤, 소리 탭에서 '소리 추가'를 클릭합니다.

2 '자연▶동물/곤충▶부엉이 울음소리2'를 선택해 적용합니다.
▶부엉이 울음소리가 별 헤는 밤 오브젝트에 포함됩니다.

3 시작 블록꾸러미에서 장면이 시작되었을 때 를 끌어다 놓습니다.

4 소리 블록꾸러미에서 소리 부엉이 울음소리2 재생하기 를 끌어다 연결합니다.

5 시작 블록꾸러미에서 q 키를 눌렀을 때 를 끌어다 놓고, q 를 클릭해 '스페이스 키'를 선택합니다.

6 시작 블록꾸러미에서 장면1 시작하기 를 끌어다 연결합니다.
▶키보드의 스페이스 키를 누르면 처음 장면으로 바뀝니다.

전체 코드 확인하기

블록이 잘 조립되었는지 확인하고, 시작하기 버튼을 눌러 실행해 봅시다.

장면1

장면2

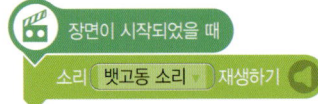
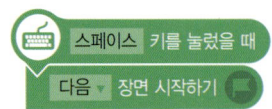

장면3

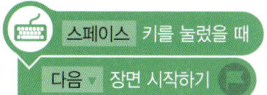

장면4

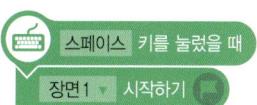

제주도의 밤하늘은 정말 아름답구나. 별이 쏟아질 것 같아.

영화나 애니메이션을 보면 문 닫는 소리, 자동차 소리 등 다양한 효과음이 들어가 있습니다.
애니메이션이 재미있으려면 이런 효과음을 적절히 잘 사용할 수 있어야 하지요.
간단한 애니메이션을 만들어 효과음을 넣어 봅시다.

 자동차 충돌 장면을 애니메이션으로 만들어 보세요.
단! 자동차 경적 소리, 급정거하는 소리, 충돌하는
소리가 꼭 들어가야 합니다.

미션을 해결했다면, 이제 당신의 마법사는
'하늘을 나는 신발' 아이템을 얻었습니다.

정답은 124쪽에서 확인해 보세요!

꿈 발표하기

 꼼지 꿈이 우주 비행사였네요. 꼼지의 꿈을 친구들에게 잘 보여 줄 수 있도록 엔트리로 꿈 발표 자료를 만들어 봅시다.

 완성 작품 구성 미리보기

다음 주소 https://goo.gl/KZvFfH 로 들어가면 완성 작품이 있습니다.
작품명은 '애니_04장'으로, 엔트리 사이트 공유하기에서 'whycoding2'를
검색해도 작품을 볼 수 있습니다.

미리보기 QR코드로도
작품을 볼 수 있어요.

*이 작품은 3개의 장면으로 구성되어 있습니다.

 꼼지가 등장해 자기소개를 합니다.

Step 2 장면이 우주 배경으로 바뀌고 꼼지가 자신의 꿈을 이야기합니다.

 꼼지가 말하는 동안 우주선이 점점 멀어집니다.

 우주 비행사가 된 꼼지가 우주 공간을 빙글빙글 돌아다닙니다.

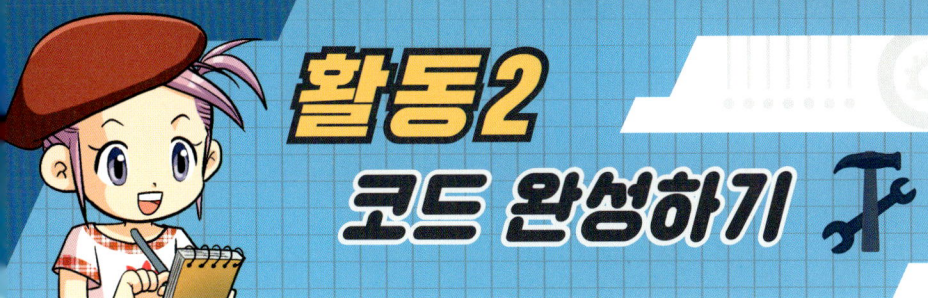

장면1 오브젝트 배치하기

1 '오브젝트 추가하기▶배경▶실내▶칠판'을 선택해 배경을 만듭니다.

2 '오브젝트 추가하기▶ 파일 업로드 탭▶파일추가'를 선택해 '꼼지(1)' 오브젝트를 추가하고, 오브젝트 목록에서 위치와 크기를 바꿉니다.

▶꼼지(1)의 X좌표를 5, Y좌표를 -45로 바꿉니다.
▶꼼지(1)의 크기를 115로 바꿉니다.

3 '오브젝트 추가하기▶ 글상자 탭'을 선택하고, '나의 꿈 발표하기'를 글상자 칸에 쓰고 적용합니다.

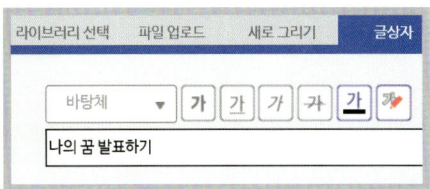

4 글자의 모양을 고딕체로 바꿔 준 뒤, 배경색은 투명으로, 글자색은 흰색으로 선택합니다. 적용하기를 누르면 실행화면에 글자가 나타납니다.

5 글상자의 위치와 크기를 바꿉니다.

▶글상자의 Y좌표를 60으로 바꿉니다.
▶글상자의 크기를 125로 바꿉니다.

6 적절하게 배치되었는지 확인합니다.

잠깐!

엔트리 작품에 사용된 오브젝트는 내 컴퓨터에 저장할 수 있습니다. 모양 탭에 들어가 오브젝트를 선택한 뒤, 마우스 오른쪽 버튼을 눌러 'PC에 저장'을 클릭합니다.
완성 작품 속 꼼지 오브젝트도 저장할 수 있으니, 다운로드 받은 다음 파일을 추가해 사용하면 됩니다.

내 컴퓨터에 오브젝트 저장하기   내 컴퓨터의 오브젝트 추가하기

Step 1 만들기

꼼지가 등장해 자신을 소개한 뒤, 장면이 바뀝니다.

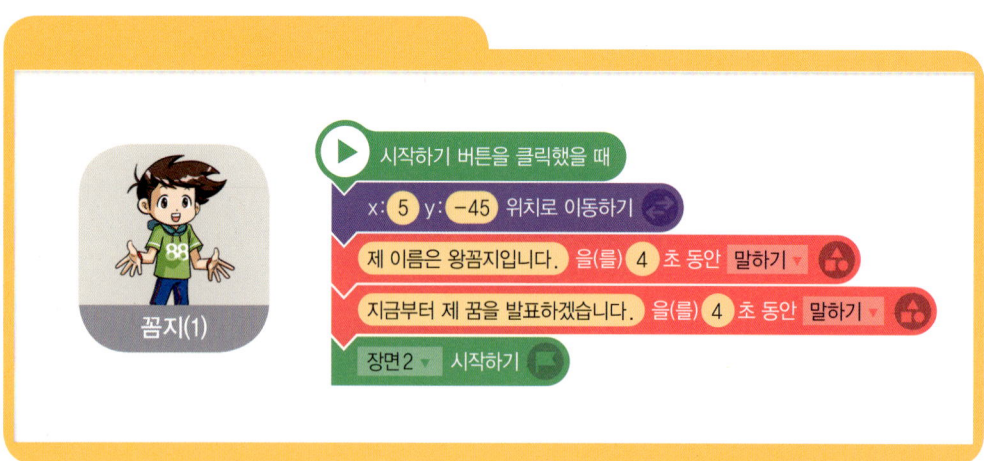

1 🏁 **시작** 블록꾸러미에서 `시작하기 버튼을 클릭했을 때` 를 끌어다 놓습니다.

2 ↔ **움직임** 블록꾸러미에서 `x: 0 y: 0 위치로 이동하기` 를 끌어다 연결하고, x좌표를 5, y좌표를 -45로 바꿉니다.
   ▶ 꼼지의 처음 위치를 정해 주는 것입니다.

3 🔺 **생김새** 블록꾸러미에서 `안녕! 을(를) 4 초 동안 말하기` 를 끌어다 연결하고, '제 이름은 왕꼼지입니다.'로 바꿉니다.

4 🔺 **생김새** 블록꾸러미에서 다시 `안녕! 을(를) 4 초 동안 말하기` 를 끌어다 연결하고, '지금부터 제 꿈을 발표하겠습니다.'로 바꿉니다.

5 🏁 **시작** 블록꾸러미에서 `장면1 시작하기` 를 끌어다 연결하고, ▼를 클릭해 '장면2'를 선택합니다.
   ▶ 위의 블록이 다 실행되면 장면2로 바뀝니다. 그런데 장면2는 장면2를 만든 뒤에야 선택할 수 있습니다. 그전에는 ▼를 클릭해도 장면2가 나오지 않습니다.

장면2 오브젝트 배치하기

1 장면 추가 버튼을 눌러 '장면2'를 만듭니다.
▶ 장면1에 이어 실행되는 장면입니다.

2 '오브젝트 추가하기▶배경▶자연▶우주(2)'를 선택해 배경을 만듭니다.

3 '오브젝트 추가하기▶ 파일 업로드 탭▶파일추가'를 선택해 '꼼지(2)' 오브젝트를 추가하고, 오브젝트 목록에서 위치와 크기를 바꿉니다.

▶ 꼼지(2)의 X좌표를 175, Y좌표를 −43으로 바꿉니다.
▶ 꼼지(2)의 크기를 110으로 바꿉니다.

4 '오브젝트 추가하기▶탈것▶로켓(2)'를 선택해 오브젝트를 추가하고, 오브젝트 목록에서 위치를 바꿉니다.

▶ 로켓(2)의 X좌표를 −180, Y좌표를 −85로 바꿉니다.

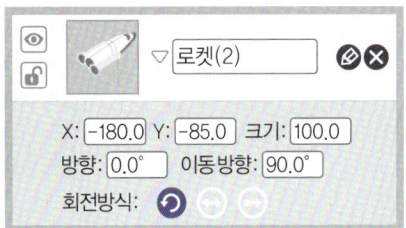

5 적절하게 배치되었는지 확인합니다.

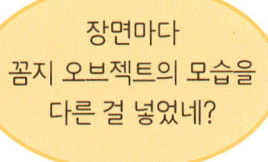
장면마다 꼼지 오브젝트의 모습을 다른 걸 넣었네?

그래야 설명하는 모습이 좀 더 실감 날 테니까. 장면을 구성할 때는 이런 부분도 신경 쓰는 게 좋아.

Step2 만들기

꼼지가 자신의 꿈을 이야기합니다.

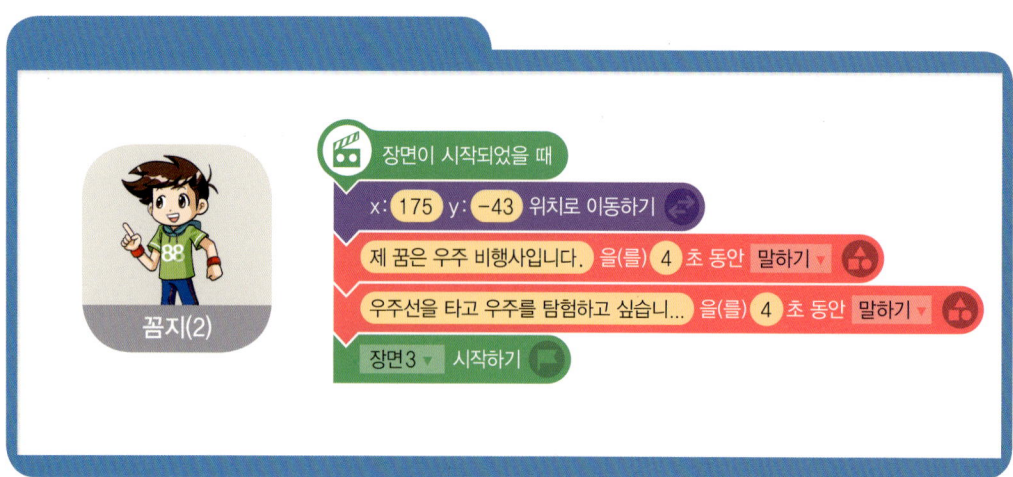

1 🏁 시작 블록꾸러미에서 `장면이 시작되었을 때` 를 끌어다 놓습니다.

2 ↔ 움직임 블록꾸러미에서 `x: 0 y: 0 위치로 이동하기` 를 끌어다 연결하고, x좌표를 175, y좌표를 -43으로 바꿉니다.

3 🔺 생김새 블록꾸러미에서 `안녕! 을(를) 4 초 동안 말하기` 를 끌어다 연결하고, '제 꿈은 우주 비행사입니다.'로 바꿉니다.

4 🔺 생김새 블록꾸러미에서 다시 `안녕! 을(를) 4 초 동안 말하기` 를 끌어다 연결하고, '우주선을 타고 우주를 탐험하고 싶습니다.'로 바꿉니다.

5 🏁 시작 블록꾸러미에서 `장면1 시작하기` 를 끌어다 연결하고, ▼를 클릭해 '장면3'을 선택합니다.

▶ 위의 블록이 다 실행되면 장면3으로 넘어갑니다. 장면3 역시 장면3을 만든 뒤에야 선택할 수 있습니다.

아까부터 궁금했는데, 그림일기 만들 때는 '[다음] 장면 시작하기' 블록을 사용했는데, 여기서는 '[장면1] 시작하기' 블록을 사용하네요?

사실 다음 장면으로 바로 넘길 때는 '[다음] 장면 시작하기'와 '[장면1] 시작하기' 중 어떤 블록을 써도 상관없어. 대신 특정한 장면으로 바로 넘길 때는 '[장면1] 시작하기' 블록을 사용해야 하지. 두 블록의 차이를 알겠지?

 **Step3 만들기**

꼼지가 꿈을 이야기하는 동안, 우주선이 크기가 점차 작아지며 왼쪽 아래에서 오른쪽 위로 대각선을 그리며 날아갑니다.

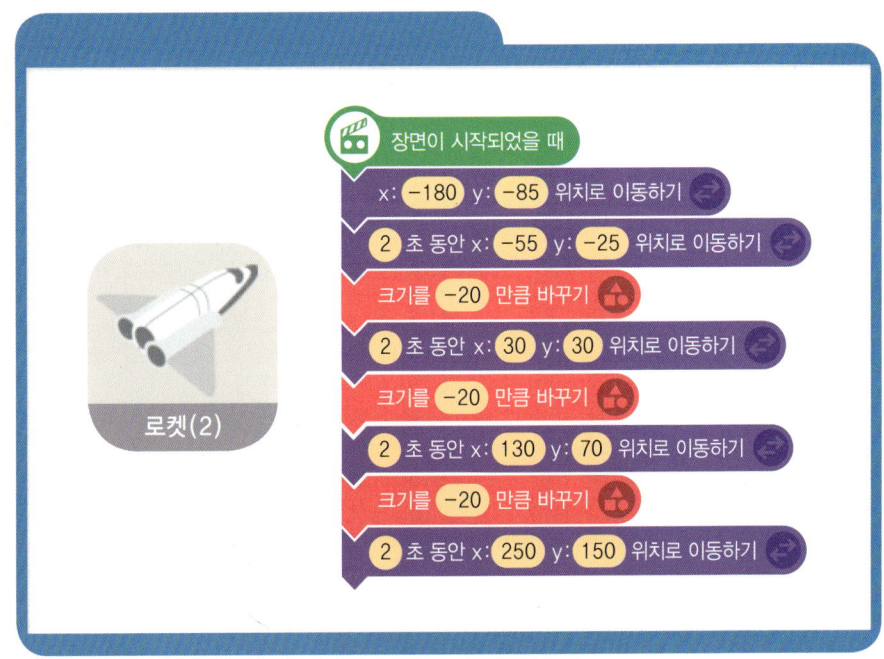

1 🏁 **시작** 블록꾸러미에서 `장면이 시작되었을 때` 를 끌어다 놓습니다.

2 ↔ **움직임** 블록꾸러미에서 `x: 0 y: 0 위치로 이동하기` 를 끌어다 연결하고, x좌표를 -180, y좌표를 -85로 바꿉니다.

3 ↔ **움직임** 블록꾸러미에서 `2 초 동안 x: 10 y: 10 위치로 이동하기` 를 끌어다 연결하고, x좌표를 -55, y좌표를 -25로 바꿉니다.

▶ 로켓(2)가 2초 동안 이동할 지점을 정해 주는 것입니다.

4 ▲ **생김새** 블록꾸러미에서 `크기를 10 만큼 바꾸기` 를 끌어다 연결하고, -20으로 바꿉니다.

▶ 로켓(2)의 크기가 20만큼 작아집니다.

5 완성된 코드를 보면서 **3**~**4**의 과정을 두 번 더 반복해 블록을 연결하고, 값을 바꿔 줍니다.

6 ↔ **움직임** 블록꾸러미에서 `2 초 동안 x: 10 y: 10 위치로 이동하기` 를 끌어다 연결하고, x좌표를 250, y좌표를 150으로 바꿉니다.

잠깐!

회화의 표현에는 원근법이라는 게 있습니다. 가까이 있는 물체는 종이의 아래쪽에 크게 그리고, 멀리 있는 물체는 종이의 위쪽에 작게 그리는 것입니다. 우주선 역시 이렇게 표현하면 우주선이 날아가면서 멀어지는 느낌을 줄 수 있습니다.

장면3 오브젝트 배치하기

1 장면 추가 버튼을 눌러 '장면3'을 만듭니다.
▶ 장면2에 이어 실행되는 장면입니다.

2 '오브젝트 추가하기 ▶ 배경 ▶ 자연 ▶ 우주정거장'을 선택해 배경을 만듭니다.

3 '오브젝트 추가하기 ▶ 파일 업로드 탭 ▶ 파일추가'를 선택해 '꼼지(3)' 오브젝트를 추가하고, 오브젝트 목록에서 위치와 크기를 바꿉니다.

▶ 꼼지(3)의 X좌표를 160, Y좌표를 -54로 바꿉니다.
▶ 꼼지(3)의 크기를 120으로 바꿉니다.

4 '오브젝트 추가하기 ▶ 글상자 탭'을 선택하고, '여러분의 꿈은 무엇인가요?'를 글상자 칸에 쓰고 적용합니다.

5 글자의 모양을 고딕체로 바꿔 준 뒤, 배경색은 투명으로, 글자색은 흰색으로 선택합니다.

6 글상자의 위치와 크기를 바꿉니다
▶ 글상자의 Y좌표를 100으로 바꿉니다.
▶ 글상자의 크기를 190으로 바꿉니다.

7 적절하게 배치되었는지 확인합니다.

> 오브젝트의 크기나 배치는 여러분이 원하는 대로 해도 괜찮습니다.

Step4 만들기

꼼지가 우주 공간을 빙글빙글 돌아다니다, 처음의 자리로 돌아오면 그 자리에서만 빙글빙글 돕니다.

1 🏁 시작 블록꾸러미에서 〔장면이 시작되었을 때〕를 끌어다 놓습니다.

2 ↔ 움직임 블록꾸러미에서 〔x: 0 y: 0 위치로 이동하기〕를 끌어다 연결하고, x좌표를 160, y좌표를 -54로 바꿉니다.

3 ↔ 움직임 블록꾸러미에서 〔2초 동안 x: 10 y: 10 위치로 이동하기〕를 끌어다 연결하고, 시간을 4초, x좌표를 170, y좌표를 115로 바꿉니다. 이 과정을 세 번 더 반복한 뒤, 값을 그에 맞게 바꿔 줍니다.

4 🏁 시작 블록꾸러미에서 〔장면이 시작되었을 때〕를 끌어다 놓습니다.

5 흐름 블록꾸러미에서 〔계속 반복하기〕를 끌어다 연결합니다.

6 ↔ 움직임 블록꾸러미에서 〔방향을 90° 만큼 회전하기〕를 끌어다 반복 블록 안쪽에 연결하고, 2°로 바꿉니다.

▶ 우주인이 우주에서 유영하는 것처럼 빙글빙글 돌게 됩니다.

전체 코드 확인하기

블록이 잘 조립되었는지 확인하고, 시작하기 버튼을 눌러 실행해 봅시다.

장면1

- 시작하기 버튼을 클릭했을 때
- x: 5 y: -45 위치로 이동하기
- 제 이름은 왕꼼지입니다. 을(를) 4 초 동안 말하기
- 지금부터 제 꿈을 발표하겠습니다. 을(를) 4 초 동안 말하기
- 장면2 시작하기

장면2

- 장면이 시작되었을 때
- x: 175 y: -43 위치로 이동하기
- 제 꿈은 우주 비행사입니다. 을(를) 4 초 동안 말하기
- 우주선을 타고 우주를 탐험하고 싶습니… 을(를) 4 초 동안 말하기
- 장면3 시작하기

- 장면이 시작되었을 때
- x: -180 y: -85 위치로 이동하기
- 2 초 동안 x: -55 y: -25 위치로 이동하기
- 크기를 -20 만큼 바꾸기
- 2 초 동안 x: 30 y: 30 위치로 이동하기
- 크기를 -20 만큼 바꾸기
- 2 초 동안 x: 130 y: 70 위치로 이동하기
- 크기를 -20 만큼 바꾸기
- 2 초 동안 x: 250 y: 150 위치로 이동하기

장면3

- 장면이 시작되었을 때
- x: 160 y: -54 위치로 이동하기
- 4 초 동안 x: 170 y: 115 위치로 이동하기
- 4 초 동안 x: -190 y: 100 위치로 이동하기
- 4 초 동안 x: -190 y: -100 위치로 이동하기
- 4 초 동안 x: 160 y: -54 위치로 이동하기

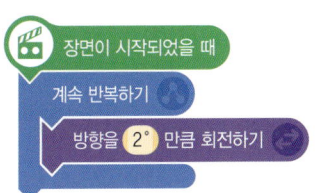

- 장면이 시작되었을 때
- 계속 반복하기
  - 방향을 2° 만큼 회전하기

학교에서 간혹 발표 수업이 있지요? 조사하거나 관찰한 것을 발표할 때 사진이나 그림을 활용해 엔트리로 자료를 만들어 보는 것도 좋은 방법이에요.

 여름철 대표 음식인 시원한 수박 화채 만드는 법을 발표 자료로 만들어 보세요.

어떤 장면들을 만들지 간단하게 그리거나 메모하면서 미리 구상해 보는 게 중요해요!

미션을 해결했다면, 이제 당신의 마법사는
'용의 가죽으로 만든 조끼' 아이템을 얻었습니다.
정답은 125쪽에서 확인해 보세요!

5장
순간 이동하는 곰

인물을 이동시키는 게 아니라 배경을 바꾼다! 코딩은 이렇게 자유로운 구상에서 출발합니다! 그럼, 순간 이동 장면을 만들어 볼까요?

활동 1 작품 살펴보기

 **완성 작품 구성 미리보기**

다음 주소 https://goo.gl/xSIs4J 로 들어가면 완성 작품이 있습니다.
작품명은 '애니_05장'으로, 엔트리 사이트 공유하기에서 'whycoding2'를
검색해도 작품을 볼 수 있습니다.

미리보기 QR코드로도
작품을 볼 수 있어요.

*이 작품은 4개의 장면으로 구성되어 있습니다.

Step 1 키보드의 오른쪽 화살표 키를 누르면 곰이 오른쪽 벽을 향해 달려갑니다.

Step 2 곰이 벽에 닿자 방으로 순간 이동합니다. 키보드의 오른쪽 화살표 키를 누르면 또 곰이 오른쪽 벽을 향해 달려갑니다.

Step 3 곰이 벽에 닿자 부엌으로 순간 이동합니다. 키보드의 오른쪽 화살표 키를 누르면 또 곰이 오른쪽 벽을 향해 달려갑니다.

Step 4 곰이 벽에 닿자 멋진 해변으로 순간 이동합니다. 키보드의 오른쪽 화살표 키를 누르면 곰이 오른쪽을 향해 가다 화면 밖으로 나갑니다.

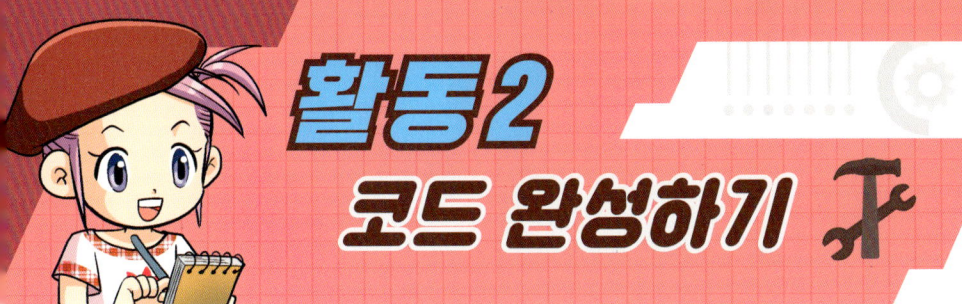

활동2 코드 완성하기

장면1 오브젝트 배치하기

 '오브젝트 추가하기▶배경▶실내▶거실(1)'을 선택해 배경을 만듭니다.

'오브젝트 추가하기▶동물▶땅▶곰(1)'을 선택해 오브젝트를 추가하고, 오브젝트 목록에서 위치를 바꿉니다.

▶ 곰(1)의 X좌표를 -185, Y좌표를 -70으로 바꿉니다.

'오브젝트 추가하기▶ 파일 업로드 탭▶파일추가'를 선택해 '벽돌로 만든 벽' 오브젝트를 추가하고, 오브젝트 목록에서 위치와 크기를 바꿉니다.

▶ 벽돌로 만든 벽의 X좌표를 210으로 바꿉니다.
▶ 벽돌로 만든 벽의 크기를 170으로 바꿉니다.

Step 1 만들기-①

곰이 말을 하며 벽을 향해 달려갈 준비를 합니다.

1 🚩 **시작** 블록꾸러미에서 `시작하기 버튼을 클릭했을 때` 를 끌어다 놓습니다.

2 ↔ **움직임** 블록꾸러미에서 `x: 0 y: 0 위치로 이동하기` 를 끌어다 연결하고, x좌표를 -185, y좌표를 -70으로 바꿉니다.

3 🔺 **생김새** 블록꾸러미에서 `안녕! 을(를) 4 초 동안 말하기` 를 끌어다 연결하고, '벽을 뚫고 갈 거야'로 바꿉니다.

4 ⛰ **흐름** 블록꾸러미에서 `계속 반복하기` 를 끌어다 연결합니다.

5 🔺 **생김새** 블록꾸러미에서 `다음 모양으로 바꾸기` 를 끌어다 반복 블록 안쪽에 연결합니다.

▶ 곰(1)의 모양을 '다음' 모양으로 계속 바꿔서 진짜 달리는 것처럼 보이게 해 줍니다.

6 흐름 블록꾸러미에서  를 끌어다 연결하고, 0.1초로 바꿉니다.

Step 1 만들기-②

키보드의 오른쪽 화살표 키를 누르면 곰이 오른쪽으로, 왼쪽 화살표 키를 누르면 곰이 왼쪽으로 이동합니다.

1 시작 블록꾸러미에서 `q 키를 눌렀을 때` 를 끌어다 놓습니다.

2 `q` 를 클릭한 뒤, 실제 키보드의 '오른쪽 화살표 키'를 눌러 선택합니다.

3 움직임 블록꾸러미에서 `x좌표를 10 만큼 바꾸기` 를 끌어다 연결하고, 20으로 바꿉니다.

▶ 오른쪽 화살표 키를 누를 때마다 곰이 오른쪽 방향으로 20만큼씩 움직입니다.

4 3 까지 완성한 블록에 마우스를 대고, 오른쪽 버튼을 클릭해 '코드 복사'를 한 다음 붙여 넣습니다.

5 '오른쪽 화살표'를 클릭해 '왼쪽 화살표'로 바꿔 주고, x좌표를 −20으로 바꿉니다.

▶ 마이너스를 붙이면 왼쪽으로 이동합니다. 왼쪽 화살표 키를 누를 때마다 곰이 왼쪽 방향으로 20만큼씩 움직입니다.

오브젝트가 좌우로만 움직이기 때문에 x좌표만 바꿔 주면 됩니다. 오브젝트를 위아래로 움직이게 하려면 y좌표를 바꿔 주면 되지요.

Step 1 만들기-③

곰이 벽돌로 된 오른쪽 벽에 닿으면, 다음 장면으로 바꿉니다.

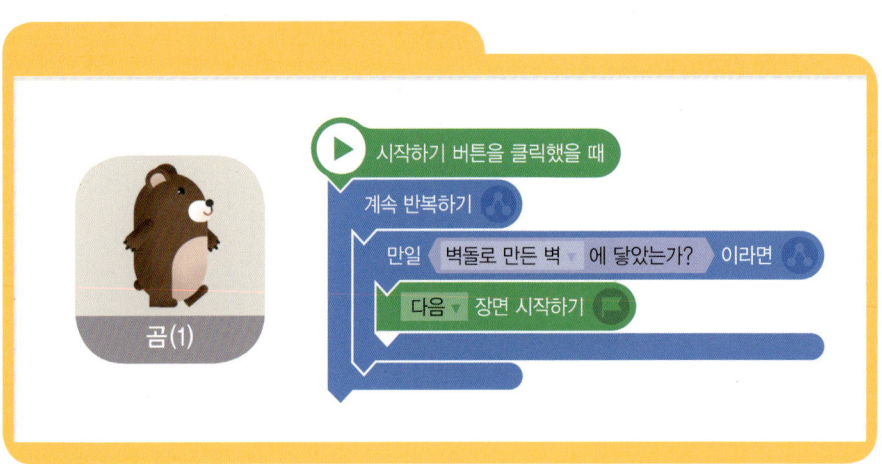

1 ▶시작 블록꾸러미에서 `시작하기 버튼을 클릭했을 때` 를 끌어다 놓습니다.

2 흐름 블록꾸러미에서 `계속 반복하기` 를 끌어다 연결합니다.

3 흐름 블록꾸러미에서 `만일 참 이라면` 을 끌어다 반복 블록 안쪽에 연결합니다.

4 판단 블록꾸러미에서 `마우스포인터 에 닿았는가?` 를 끌어다 `참` 부분에 끼워 넣습니다.

5 ▼를 클릭해 '벽돌로 만든 벽'을 선택합니다.

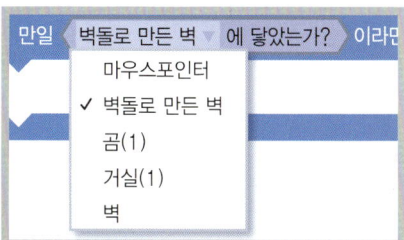

다음 장면으로 바뀌게 되는 조건을 '곰이 벽돌로 만든 벽에 닿았을 때'라고 만들기 위한 과정이구나.

6 ▶ 시작 블록꾸러미에서 `다음▼ 장면 시작하기`를 끌어다 연결합니다.

🖱 장면2 오브젝트 배치하기

장면1과 장면2, 장면3은 배경만 다르고 오브젝트나 명령어 블록은 똑같기 때문에 장면을 복제해서 사용하면 좋습니다. 그러면 오브젝트를 불러오거나 블록을 다시 조립하는 과정이 줄어들어서 편리합니다.

 '장면1'의 이름을 '거실'로 바꿔 줍니다. 거실 장면 탭에 마우스를 대고 오른쪽 버튼을 클릭한 뒤, '복제하기'를 선택합니다.

2️⃣ 복제한 장면의 이름을 '공주방'으로 바꿉니다.

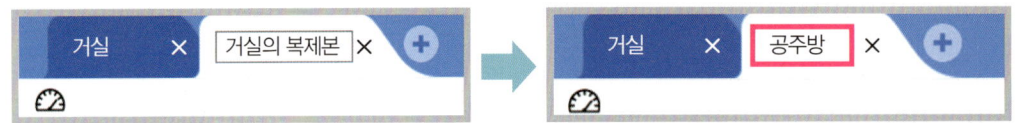

3️⃣ 오브젝트 목록에서 '거실' 배경을 삭제합니다.

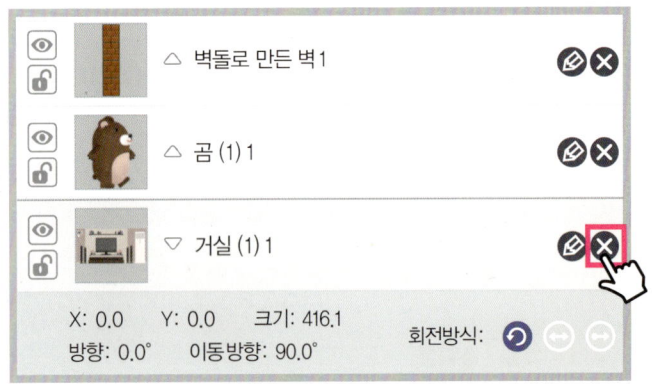

4️⃣ '오브젝트 추가하기▶배경▶실내▶공주방'을 추가합니다.

배경 오브젝트를 추가하면 늘 목록의 맨 아래에 생깁니다. 그래야 다른 오브젝트를 가리지 않기 때문이지요.

Step2 만들기

장면1에서와 똑같이 키보드로 곰을 움직여 오른쪽 벽에 닿으면 장면이 바뀝니다.

> **잠깐!**
> 장면을 복제하면 오브젝트와 코드가 함께 복제되기 때문에 장면에 맞게 블록 값만 바꿔 주면 됩니다. 그런데 장면이 복제될 때 오브젝트의 이름에 자동으로 숫자가 붙게 됩니다. 이 때문에 조건 블록의 경우 조건이 되는 대상을 찾지 못해서 '대상없음'이 되어 버리지요. 이걸 바르게 바꿔 주어야 합니다.

1 `시작하기 버튼을 클릭했을 때` 를 모두 떼어 내어 삭제하고,

🏁 **시작** 블록꾸러미에서 `장면이 시작되었을 때` 를 끌어다 연결합니다.

곰의 대사도 삭제합니다.

2 조건 블록에서 ▼를 클릭해 '벽돌로 만든 벽1'을 선택합니다.

Step3, Step4 만들기

장면3에서는 앞에서와 마찬가지로 키보드로 곰을 움직여 오른쪽 벽에 닿게 하면 장면이 바뀝니다. 하지만 장면4에서는 벽이 없고, 곰을 오른쪽으로 계속 움직이면 화면 밖으로 나가게 됩니다.

1 '장면2'를 만들었던 것처럼 '장면2'를 복제해 '장면3', '장면4'를 만들고, 각각 '부엌'과 '해변'으로 이름을 바꿉니다.

2 부엌과 해변 장면에서 공주방 배경을 지우고, '부엌'과 '해변가' 오브젝트를 추가합니다.

▶ 부엌 장면에서는 '오브젝트 추가하기 ▶ 배경 ▶ 실내 ▶ 부엌'을 선택해 추가합니다.
▶ 해변 장면에서는 '오브젝트 추가하기 ▶ 배경 ▶ 실내 ▶ 해변가'를 선택해 추가합니다.

3 부엌 장면의 경우, 조건 블록에서 ▼를 클릭해 '벽돌로 만든 벽2'를 선택합니다.

4 해변 장면의 경우, '벽돌로 만든 벽' 오브젝트를 삭제하고, 다음 장면을 시작하게 하는 블록을 끌어다 휴지통에 버립니다.

 전체 코드 확인하기

블록이 잘 조립되었는지 확인하고, 시작하기 버튼을 눌러 실행해 봅시다.

장면1

장면2 장면3

부엌의 곰(1)2의 경우, 이 부분이 '벽돌로 만든 벽2'가 됩니다.

장면4

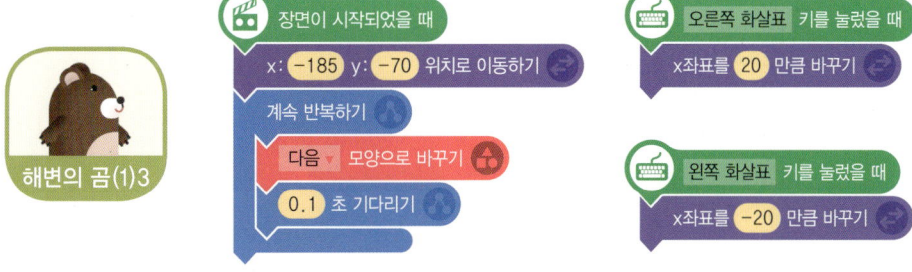

애니메이션 기법 중에 '스캐니메이션'이라는 게 있습니다. 한 장의 흑백 그림 위에 세로줄이 그려져 있는 투명 종이를 얹어서 좌우로 이동시키면 아래에 있는 그림이 움직이는 것처럼 보이지요.

 스캐니메이션 원리를 이용해 아래 두 오브젝트로 회전하는 상자를 만들어 보세요.

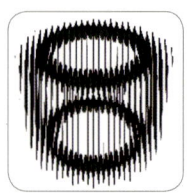 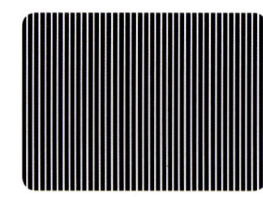

바닥 그림   위에 덮는 투명 종이

오브젝트는 키보드의 방향 키로 움직이게 만들어 보세요. 바닥 그림과 위에 덮는 투명 종이 오브젝트는 완성 작품에서 다운로드 받아서 사용하면 됩니다.

마법의 모자 획득!

 미션을 해결했다면, 이제 당신의 마법사는 '마법의 모자' 아이템을 얻었습니다.
정답은 126쪽에서 확인해 보세요!

6장
열 꼬마 인디언

〈열 꼬마 인디언〉은 숫자를 배울 때 많이 부르는 노래지요.
이 노래에 맞춰 인디언들이 등장하도록 만들어 봅시다.

완성 작품 구성 미리보기

다음 주소 https://goo.gl/cZrZvs 로 들어가면 완성 작품이 있습니다.
작품명은 '애니_06장'으로, 엔트리 사이트 공유하기에서 'whycoding2'를
검색해도 작품을 볼 수 있습니다.

미리보기 QR코드로도
작품을 볼 수 있어요.

Step 1 처음에는 아무것도 없는 빈 화면이 나옵니다.

Step 2 노래 반주가 시작되면 인디언이 가운데 크게 나타났다가 작아지며 뒤쪽에 자리를 잡습니다.

Step 3 뒤쪽에 자리 잡은 인디언이 반주에 맞춰 좌우로 몸을 흔들면서 춤을 춥니다.

Step 4 반주가 끝날 때쯤이면 10명의 인디언이 모두 함께 춤을 춥니다.

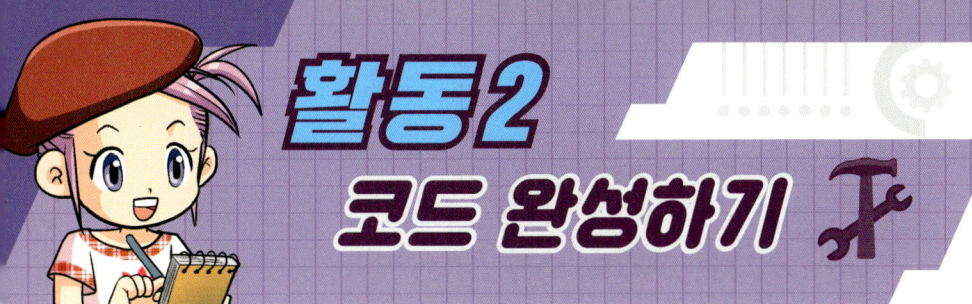

🖱 오브젝트 배치하기

1  '오브젝트 추가하기▶배경▶자연▶들판(3)'을 선택해 배경을 만듭니다.

2 '오브젝트 추가하기▶사람▶원주민(1)'을 선택해 오브젝트를 추가하고, 오브젝트 목록에서 이름과 위치를 바꿉니다.

▶ 원주민(1)의 이름을 '1꼬마'로 바꿉니다.
▶ 원주민(1)의 X좌표를 −165, Y좌표를 70으로 바꿉니다.

3 '오브젝트 추가하기▶사람▶원주민(2)'을 선택해 오브젝트를 추가하고, 오브젝트 목록에서 이름과 위치, 크기를 바꿉니다.

▶ 원주민(2)의 이름을 '2꼬마'로 바꿉니다.
▶ 원주민(2)의 X좌표를 −85, Y좌표를 70으로 바꿉니다.
▶ 원주민(2)의 크기를 70으로 바꿉니다.

> **잠깐!** 🖱
> 오브젝트의 이름을 내가 알기 쉬운 것으로 바꿔 놓으면 매우 편리합니다. 특히 지금처럼 같은 모양의 오브젝트가 여러 개일 때는 이름을 바꿔 놓지 않으면 찾는 데 시간을 허비하게 됩니다. 효율적으로 코딩하기 위해서는 오브젝트의 이름을 정해 놓는 것을 잊지 맙시다.

4 오브젝트 목록에서 '1꼬마' 오브젝트에 마우스를 올리고 오른쪽 버튼을 클릭한 뒤, '복제'를 선택합니다.

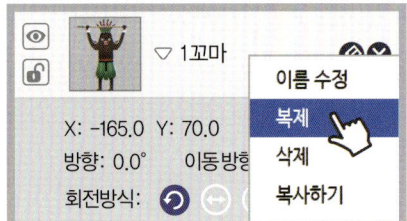

5 오브젝트 목록의 맨 윗줄에 복제된 오브젝트가 만들어집니다. 이름은 '1꼬마1'입니다. 한 번 복제할 때마다 자동으로 이름 뒤에 숫자가 붙습니다.

6 '1꼬마1' 오브젝트의 이름과 위치를 바꿉니다.

▶ 오브젝트의 이름을 '3꼬마'로 바꿉니다.
▶ 오브젝트의 X좌표를 −10으로 바꿉니다.

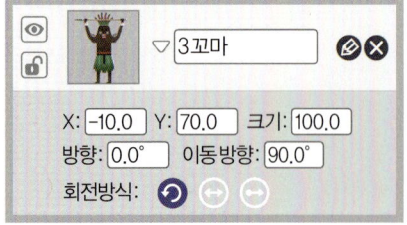

7 오브젝트 목록에서 '2꼬마' 오브젝트에 마우스를 올리고 오른쪽 버튼을 클릭한 뒤, '복제'를 선택합니다.

8 오브젝트 목록의 맨 윗줄에 복제된 오브젝트가 만들어집니다. 이름은 '2꼬마1'입니다.

9 '2꼬마1' 오브젝트의 이름과 위치를 바꿉니다.

▶ 오브젝트의 이름을 '4꼬마'로 바꿉니다.
▶ 오브젝트의 X좌표를 70으로 바꿉니다.

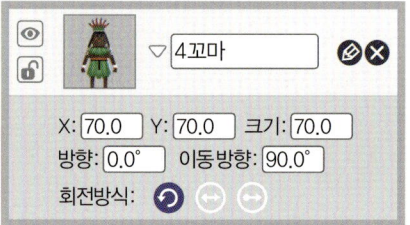

10 앞에서처럼 오브젝트를 복제해 나머지 오브젝트를 배치합니다. '1꼬마' 오브젝트를 복제해 '5꼬마' 오브젝트를 만듭니다.

▶ 오브젝트의 X좌표를 130으로 바꿉니다.

11 '2꼬마' 오브젝트를 복제해 '6꼬마' 오브젝트를 만듭니다.

▶ 오브젝트의 X좌표를 −165, Y좌표를 −70으로 바꿉니다.

12 '1꼬마' 오브젝트를 복제해 '7꼬마' 오브젝트를 만듭니다.
▶ 오브젝트의 X좌표를 −95, Y좌표를 −70으로 바꿉니다.

13 '2꼬마' 오브젝트를 복제해 '8꼬마' 오브젝트를 만듭니다.
▶ 오브젝트의 X좌표를 −10, Y좌표를 −70으로 바꿉니다.

14 '1꼬마' 오브젝트를 복제해 '9꼬마' 오브젝트를 만듭니다.
▶ 오브젝트의 X좌표를 70, Y좌표를 −70으로 바꿉니다.

15 '2꼬마' 오브젝트를 복제해 '10꼬마' 오브젝트를 만듭니다.
▶ 오브젝트의 X좌표를 140, Y좌표를 −70으로 바꿉니다.

Step 1 만들기-①

시작하기 버튼을 클릭하면 〈열 꼬마 인디언〉 노래 반주가 흘러나옵니다.

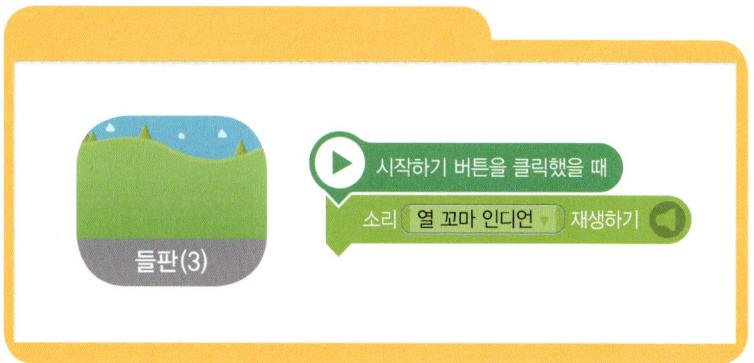

1 들판(3) 배경을 선택한 뒤, 소리 탭에서 '소리 추가'를 클릭합니다.

왜 배경에 음악을 넣어요?

다른 오브젝트에 소리를 넣으면 그 오브젝트가 실행될 때만 음악이 재생돼. 하지만 배경 오브젝트는 다른 오브젝트의 영향을 받지 않기 때문에 계속 재생되어야 하는 소리는 배경에 넣어야 해.

2 파일 업로드▶파일 추가▶열 꼬마 인디언.mp3 파일을 선택해 추가합니다.

▶열 꼬마 인디언.mp3 소리가 들판(3) 오브젝트에 포함됩니다.

3 ▶시작 블록꾸러미에서 [시작하기 버튼을 클릭했을 때] 를 끌어다 놓습니다.

4 ◀소리 블록꾸러미에서 [소리 열 꼬마 인디언 재생하기] 를 끌어다 연결합니다.

MP3, WAV 형식의 소리 파일이면 얼마든지 엔트리에 업로드할 수 있습니다. 〈열 꼬마 인디언〉 반주는 예림당 홈페이지 〈Why? 코딩 워크북 2애니메이션〉 도서 소개 페이지에서 다운로드 받을 수 있습니다.

Step1 만들기-②

처음 실행되었을 때는 인디언들이 화면에 보이지 않습니다.

1 ▶시작 블록꾸러미에서 [시작하기 버튼을 클릭했을 때] 를 끌어다 놓습니다.

2 ▲생김새 블록꾸러미에서 [모양 숨기기] 를 끌어다 연결합니다.

▶시작하기 버튼을 클릭하면 '1꼬마'가 실행화면에서 보이지 않게 됩니다.

3 ↔ **움직임** 블록꾸러미에서 `x:0 y:0 위치로 이동하기` 를 끌어다 연결하고, x좌표를 -165, y좌표를 70으로 바꿉니다.

▶ 오브젝트의 처음 위치를 정해 주는 것입니다.

4 ⋀ **흐름** 블록꾸러미에서 `2 초 기다리기` 를 끌어다 연결하고, 2.5초로 바꿉니다.

▶ 2.5초가 지난 뒤에 아래에 연결된 블록들이 실행됩니다.

Step2 만들기

인디언이 화면 가운데 크게 나타났다가 작아지며 뒤쪽에 자리를 잡습니다.

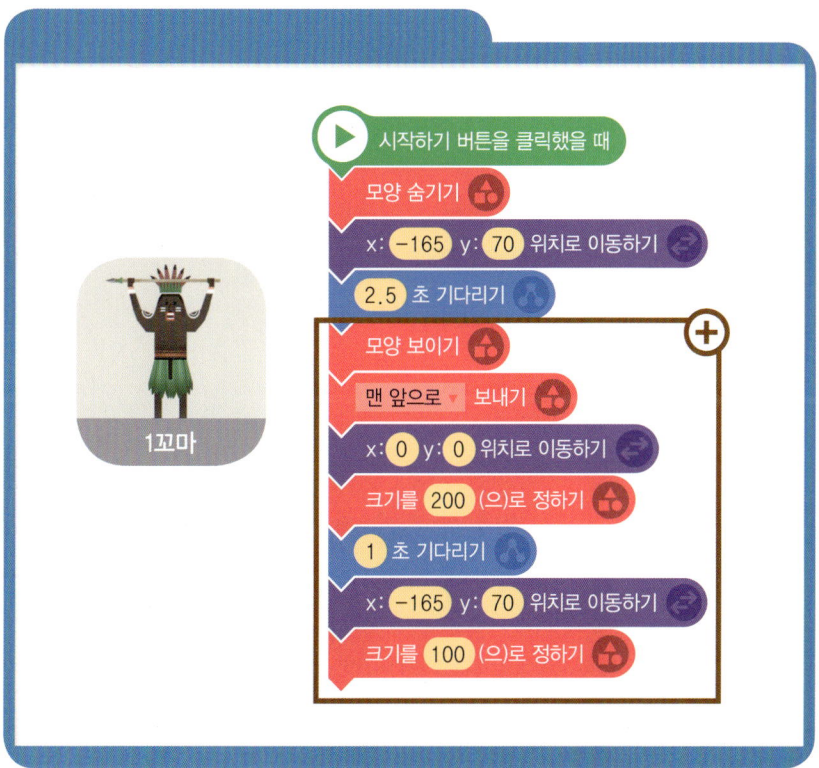

1 　🔺 생김새 블록꾸러미에서 `모양 보이기` 를 끌어다 연결합니다.

　　▶1꼬마가 실행화면에서 보이게 됩니다.

2 　🔺 생김새 블록꾸러미에서 `맨 앞으로 보내기` 를 끌어다 연결합니다.

　　▶다른 오브젝트와 겹쳤을 때 다른 오브젝트에 가리지 않고 맨 앞에 보이게 됩니다.

3 　↔움직임 블록꾸러미에서 `x: 0 y: 0 위치로 이동하기` 를 끌어다 연결합니다.

　　▶1꼬마가 실행화면의 가운데 위치하게 됩니다.

4 　🔺 생김새 블록꾸러미에서 `크기를 100 (으)로 정하기` 를 끌어다 연결하고, 200으로 바꿉니다.

　　▶가운데로 온 1꼬마가 2배 커집니다.

5 　🔺 흐름 블록꾸러미에서 `2 초 기다리기` 를 끌어다 연결하고, 1초로 바꿉니다.

　　▶1초 동안 연결되어 있는 블록이 실행되지 않습니다.

6 　↔움직임 블록꾸러미에서 `x: 0 y: 0 위치로 이동하기` 를 끌어다 연결하고, x좌표를 −165, y좌표를 70으로 바꿉니다.

　　▶1꼬마가 처음 있던 위치로 다시 갑니다.

7 　🔺 생김새 블록꾸러미에서 `크기를 100 (으)로 정하기` 를 끌어다 연결합니다.

　　▶1꼬마가 원래 크기로 돌아갑니다.

화면 가운데서는 2배 커집니다.　　　뒤쪽에 자리 잡을 때는 원래 크기가 됩니다.

Step3 만들기

뒤쪽에 자리 잡은 인디언이 좌우로 몸을 흔들며 노래 반주에 맞춰 춤을 춥니다.

1 시작 블록꾸러미에서 `시작하기 버튼을 클릭했을 때` 를 끌어다 놓습니다.

2 흐름 블록꾸러미에서 `계속 반복하기` 를 끌어다 연결합니다.

3 움직임 블록꾸러미에서 `방향을 90° 만큼 회전하기` 를 끌어다 연결하고, 15°로 바꿉니다.
▶ 1꼬마가 오른쪽으로 15° 기울어집니다.

잠깐!

마우스로 블록의 각도를 클릭하면, 눈으로 보면서 쉽게 각도를 정할 수 있도록 창이 뜹니다. 마우스로 원하는 각도를 지정하면 블록에 자동적으로 각도가 입력됩니다.

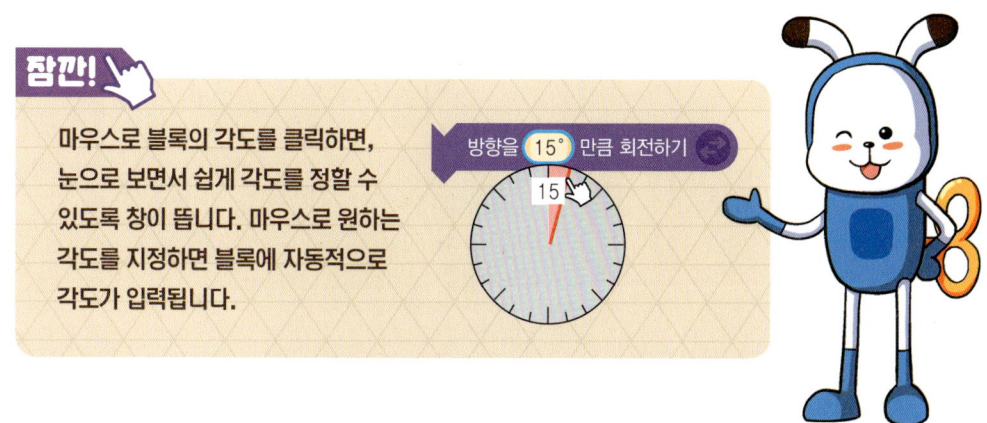

4 🔷 **흐름** 블록꾸러미에서 `2 초 기다리기` 를 끌어다 연결하고, 0.5초로 바꿉니다.

5 ↔ **움직임** 블록꾸러미에서 `방향을 90° 만큼 회전하기` 를 끌어다 연결하고, −15°로 바꿉니다.

▶ 1꼬마가 왼쪽으로 15도 기울어집니다. 즉, 원래 위치로 돌아옵니다.

6 🔷 **흐름** 블록꾸러미에서 `2 초 기다리기` 를 끌어다 연결하고, 0.5초로 바꿉니다.

7 ↔ **움직임** 블록꾸러미에서 `방향을 90° 만큼 회전하기` 를 끌어다 연결하고, −15°로 바꿉니다.

▶ 1꼬마가 왼쪽으로 15도 기울어집니다.

8 🔷 **흐름** 블록꾸러미에서 `2 초 기다리기` 를 끌어다 연결하고, 0.5초로 바꿉니다.

9 ↔ **움직임** 블록꾸러미에서 `방향을 90° 만큼 회전하기` 를 끌어다 연결하고, 15°로 바꿉니다.

▶ 1꼬마가 오른쪽으로 15도 기울어집니다. 즉, 원래 위치로 돌아옵니다.

10 🔷 **흐름** 블록꾸러미에서 `2 초 기다리기` 를 끌어다 연결하고, 0.5초로 바꿉니다.

각도 값을 달리해서 블록을 연결하니 인디언이 정말 춤추는 것 같네.

 Step4 만들기

10명의 인디언이 차례대로 등장했다가 모두 뒤쪽에 자리 잡고 춤을 춥니다.

1 1꼬마 오브젝트의 코드를 복사해, 2~10꼬마 오브젝트에 붙여 넣습니다.

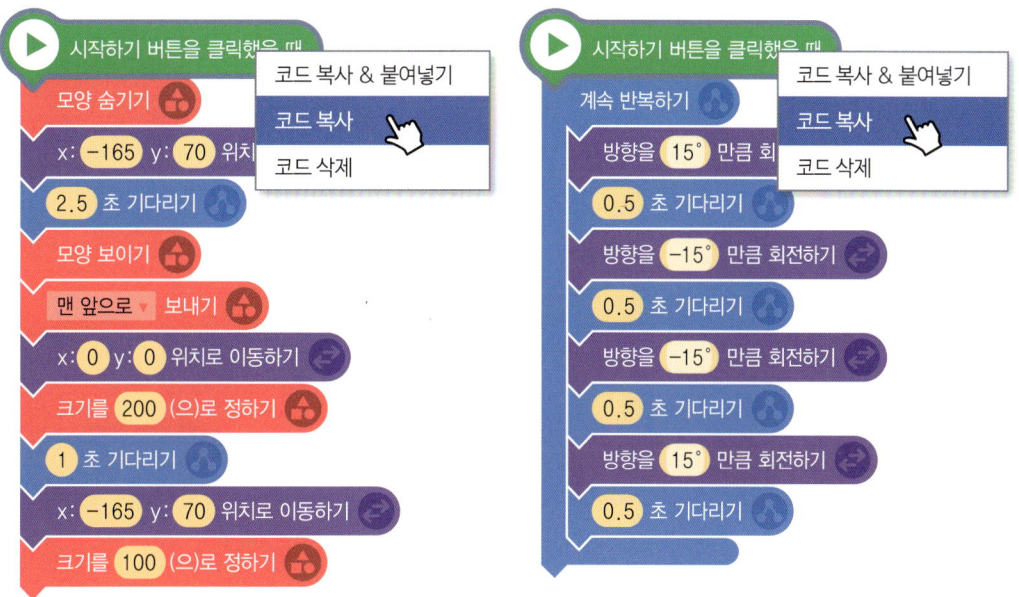

2 각각의 인디언들이 등장하는 시간과 자리 잡는 위치가 모두 다르므로, 다음 페이지의 표를 참고로 해당되는 블록의 값을 바꿔 줍니다.

아래 표를 참고로 바뀌는 부분의 블록 값을 수정하면 됩니다.

오브젝트	x: 0 y: 0 위치로 이동하기		2 초 기다리기
	x좌표	y좌표	
2꼬마	-85	70	3.5
3꼬마	-10	70	4.5
4꼬마	70	70	6
5꼬마	130	70	7
6꼬마	-165	-70	8
7꼬마	-95	-70	10
8꼬마	-10	-70	11
9꼬마	70	-70	12
10꼬마	140	-70	14

기다리는 시간이 다 다르네요?

그래야 반주에 맞춰 인디언들이 순서대로 나오는 것처럼 보이거든.

전체 코드 확인하기

블록이 잘 조립되었는지 확인하고, 시작하기 버튼을 눌러 실행해 봅시다.

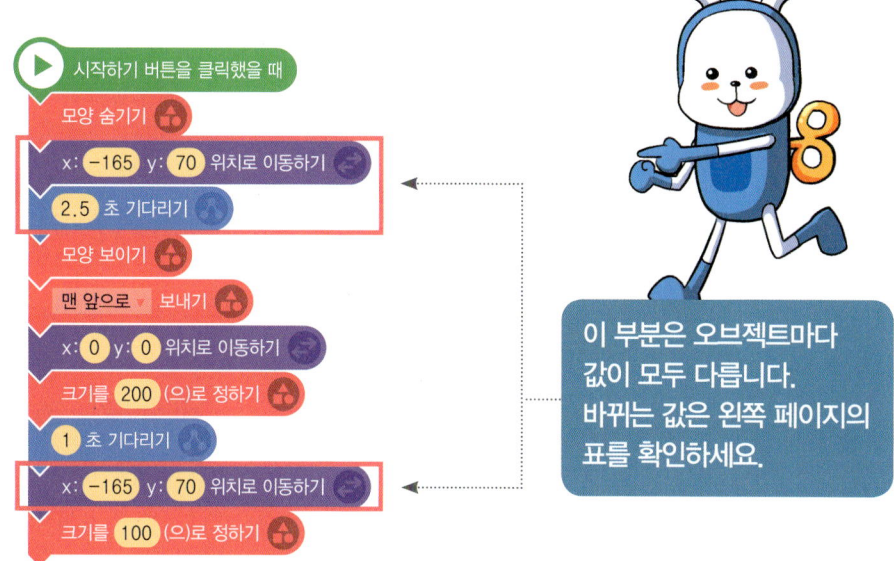

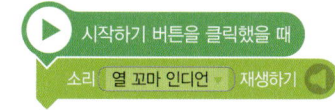

열 꼬마 인디언 반주에 맞춰 인디언들이 춤을 추는 모습이 재미있지요?
여기에 노랫말까지 넣으면 그게 바로 플래시 동요가 되는 거예요.

 노랫말을 추가해, 반주와 노랫말이 함께 나오는 플래시 동요를 만들어 보세요.

한 꼬마

 x좌표는 230, y좌표는 0 위치에서 노랫말이 보였다 사라지게 만들어 보세요.

생명의 물 획득!

미션을 해결했다면, 이제 당신의 마법사는 '생명의 물' 아이템을 얻었습니다.
정답은 127쪽에서 확인해 보세요!

7장 특별한 수족관

엔트리로 만드는 수족관은 어떤 느낌일까요?
각양각색의 물고기들이 헤엄치는 멋진 수족관을 만들어 봅시다.

완성 작품 구성 미리보기

다음 주소 https://goo.gl/ZyB2HZ 로 들어가면 완성 작품이 있습니다. 작품명은 '애니_07장'으로, 엔트리 사이트 공유하기에서 'whycoding2'를 검색해도 작품을 볼 수 있습니다.

미리보기 QR코드로도 작품을 볼 수 있어요.

  는 실행화면 끝에서 끝까지 계속 좌우로 왔다 갔다 합니다.

  는 좌우로 짧게 왔다 갔다 합니다.

  는 오른쪽으로만 헤엄칩니다. 화면 밖으로 나가면 왼쪽에서 다시 나타납니다.

  는 아래에서 위로 계속 올라갑니다. 화면 밖으로 나가면 아래에서 다시 올라옵니다.

 는 화면 끝에서 끝까지 계속 좌우로 왔다 갔다 하는데, 도중에 해파리를 만나면 커졌다가 작아집니다.

🖱 오브젝트 배치하기

1 '오브젝트 추가하기▶배경▶자연▶바닷속(2)'를 선택해 배경을 만듭니다.

2 '오브젝트 추가하기▶동물▶물▶등푸른 물고기'를 선택해 오브젝트를 추가하고, 오브젝트 목록에서 위치와 크기를 바꿉니다.

▶ 등푸른 물고기의 X좌표를 −160, Y좌표를 15, 크기를 50으로 바꿉니다.

3 '오브젝트 추가하기▶동물▶물▶꽃게'를 선택해 오브젝트를 추가하고, 오브젝트 목록에서 위치와 크기를 바꿉니다.

▶ 꽃게의 X좌표를 −110, Y좌표를 −100, 크기를 50으로 바꿉니다.

4 '오브젝트 추가하기▶동물▶물▶가오리'를 선택해 오브젝트를 추가하고, 오브젝트 목록에서 위치를 바꿉니다.

▶ 가오리의 X좌표를 100, Y좌표를 90으로 바꿉니다.

5 '오브젝트 추가하기▶동물▶물▶짧은 해파리'를 선택해 오브젝트를 추가하고, 오브젝트 목록에서 위치와 크기를 바꿉니다.

▶ 짧은 해파리의 X좌표를 120, Y좌표를 −100, 크기를 60으로 바꿉니다.

6 '오브젝트 추가하기▶동물▶물▶물고기'를 선택해 오브젝트를 추가하고, 오브젝트 목록에서 위치와 크기를 바꿉니다.

▶ 물고기의 X좌표를 −30, Y좌표를 −30, 크기를 50으로 바꿉니다.

7 오브젝트를 잘 배치했는지 확인합니다.

물고기들이 자연스럽게 어울리도록 크기를 정해 줘야 합니다.

Step 1 만들기

등푸른 물고기가 실행화면 끝에서 끝까지 좌우로 계속 왔다 갔다 합니다.
이때 화면 끝에 닿으면 자연스럽게 이동 방향으로 몸을 반전시킵니다.

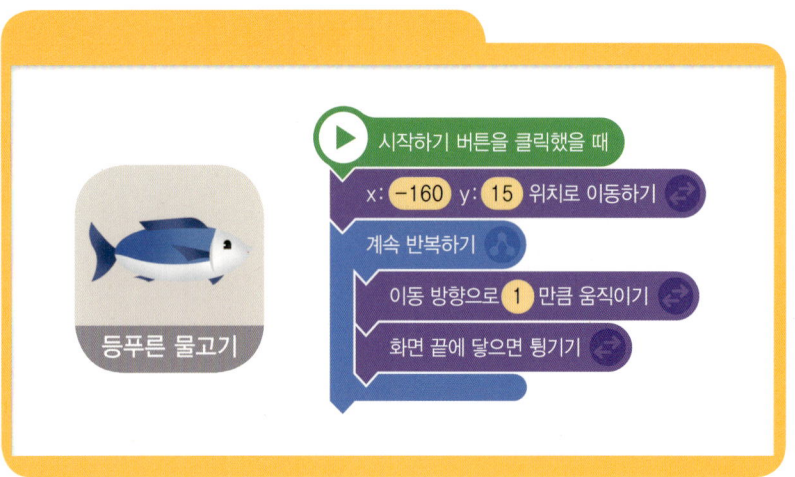

1 ▶시작 블록꾸러미에서 시작하기 버튼을 클릭했을 때 를 끌어다 놓습니다.

2 ↔움직임 블록꾸러미에서 x:0 y:0 위치로 이동하기 를 끌어다 연결하고,
x좌표를 −160, y좌표를 15로 바꿉니다.

3 ⋀흐름 블록꾸러미에서 계속 반복하기 를 끌어다 연결합니다.

4 ↔움직임 블록꾸러미에서 이동 방향으로 10 만큼 움직이기 를 끌어다 반복 블록
안쪽에 연결하고, 1로 바꿉니다.

▶등푸른 물고기가 이동 방향으로 한 번에 1만큼씩 움직입니다. 이동 방향은 오브젝트를
선택했을 때 나타나는 화살표가 가리키는 방향입니다.

5 ↔움직임 블록꾸러미에서 화면 끝에 닿으면 튕기기 를 끌어다 연결합니다.

▶등푸른 물고기가 화면 끝에 닿으면 튕겨서 다시 화면 안으로 들어옵니다. 마치 사방이 막힌
상자 안을 돌아다니는 셈이 되는 것입니다.

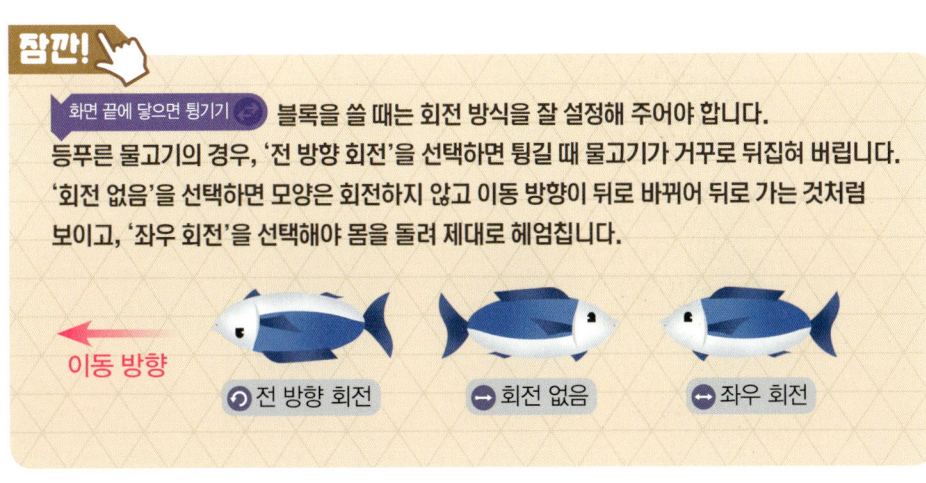

꽃게가 수족관 바닥에서 좌우로 짧게 왔다 갔다 합니다.

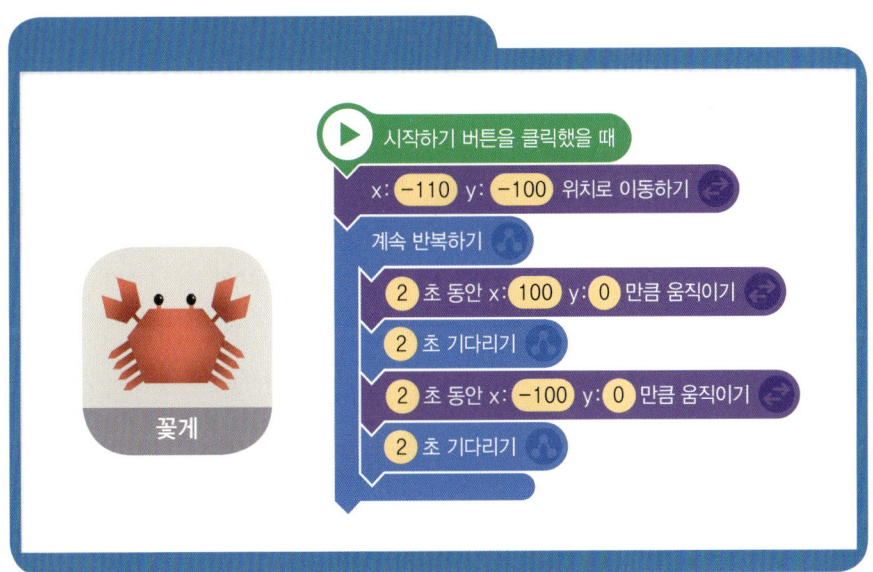

2 ↔움직임 블록꾸러미에서 `x: 0 y: 0 위치로 이동하기` 를 끌어다 연결하고, x좌표를 −110, y좌표를 −100으로 바꿉니다.

3 ⋏흐름 블록꾸러미에서 `계속 반복하기` 를 끌어다 연결합니다.

4 ↔움직임 블록꾸러미에서 `2 초 동안 x: 10 y: 10 위치로 이동하기` 를 끌어다 연결하고, x좌표를 100, y좌표를 0으로 바꿉니다.

▶ 꽃게가 2초 동안 오른쪽 방향으로 100만큼 움직이게 됩니다.

5 ⋏흐름 블록꾸러미에서 `2 초 기다리기` 를 끌어다 연결합니다.

6 ↔움직임 블록꾸러미에서 `2 초 동안 x: 10 y: 10 위치로 이동하기` 를 끌어다 연결하고, x좌표를 −100, y좌표를 0으로 바꿉니다.

▶ 꽃게가 2초 동안 왼쪽 방향으로 100만큼 움직이게 됩니다.

7 ⋏흐름 블록꾸러미에서 `2 초 기다리기` 를 끌어다 연결합니다.

꽃게의 빠르기는 이동 시간으로 조절하면 되겠네?

맞아. 오브젝트가 이동하는 속도는 시간으로 조절하면 돼. 느리게 움직이게 하려면 시간을 길게, 빠르게 움직이게 하려면 시간을 짧게 하면 돼.

Step3 만들기-①

가오리는 오른쪽 방향으로만 계속 헤엄칩니다.

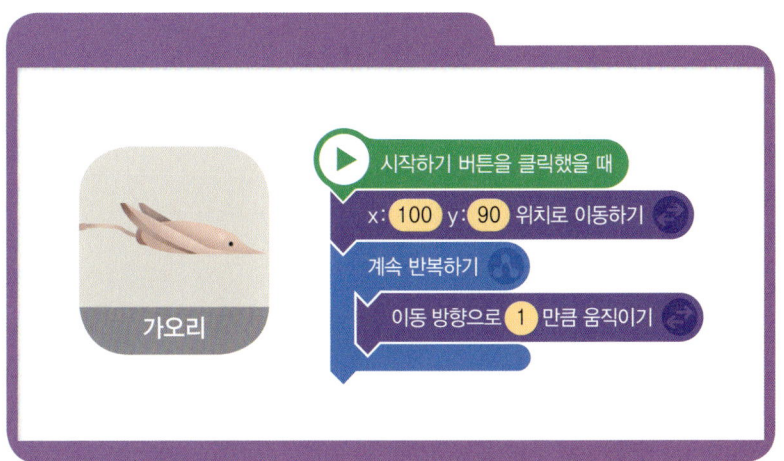

1 ▶ 시작 블록꾸러미에서 `시작하기 버튼을 클릭했을 때` 를 끌어다 놓습니다.

2 움직임 블록꾸러미에서 `x: 0 y: 0 위치로 이동하기` 를 끌어다 연결하고, x좌표를 100, y좌표를 90으로 바꿉니다.

3 흐름 블록꾸러미에서 `계속 반복하기` 를 끌어다 연결합니다.

4 움직임 블록꾸러미에서 `이동 방향으로 10 만큼 움직이기` 를 끌어다 반복 블록 안쪽에 연결하고, 1로 바꿉니다.

▶ 가오리가 이동 방향으로 한 번에 1만큼씩 움직입니다.

이동 값이 작을수록 한 번 실행될 때 움직이는 거리가 짧습니다. 즉 느리게 움직이는 것처럼 보이지요.

Step3 만들기-②

가오리가 오른쪽 화면 밖으로 나가면, 왼쪽 화면에서 다시 나타납니다.

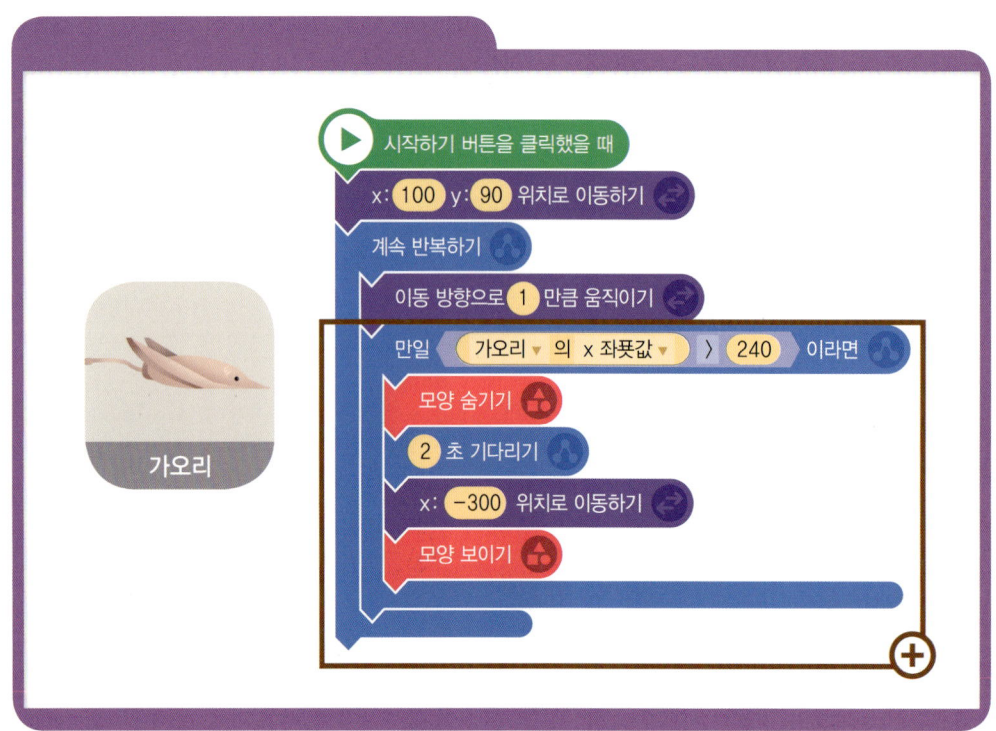

1 흐름 블록꾸러미에서 [만일 참 이라면] 을 끌어다 연결합니다.
▶ 조건이 '참'일 때 감싸고 있는 블록들이 실행됩니다.

2 판단 블록꾸러미에서 [10 > 10] 을 끌어다 참 부분에 끼워 넣습니다.

3 계산 블록꾸러미에서 [물고기의 x 좌푯값] 을 끌어다 [10 > 10] 의 앞쪽 10 부분에 끼워 넣고, ▼를 클릭해 '가오리'를 선택합니다. 뒷부분의 값은 240으로 바꿉니다.
▶ 가오리의 x좌푯값이 240보다 크면 안에 있는 블록들이 실행됩니다.

실행화면의 최대 x좌푯값이 240이기 때문에, 가오리의 x좌푯값이 240보다 크다는 것은 가오리가 화면 밖으로 나간 것을 의미합니다.

4 　🔺생김새 블록꾸러미에서 모양 숨기기 를 끌어다 연결합니다.

▶주어진 값이 조건에 맞으면 오브젝트가 실행화면에서 보이지 않게 됩니다.

5 　🔺흐름 블록꾸러미에서 2초 기다리기 를 끌어다 연결합니다.

6 　⇄움직임 블록꾸러미에서 x: 10 위치로 이동하기 를 끌어다 연결하고, -300으로 바꿉니다.

▶가오리가 보이지 않는 상태에서 왼쪽으로 이동해 실행화면 밖으로 나가는 것입니다.

7 　🔺생김새 블록꾸러미에서 모양 보이기 를 끌어다 연결합니다.

▶가오리가 실행화면에서 보이게 되어 왼쪽 화면에서 나타납니다.

🖱 Step4 만들기-①

해파리가 수족관의 아래에서 위로 이동합니다.

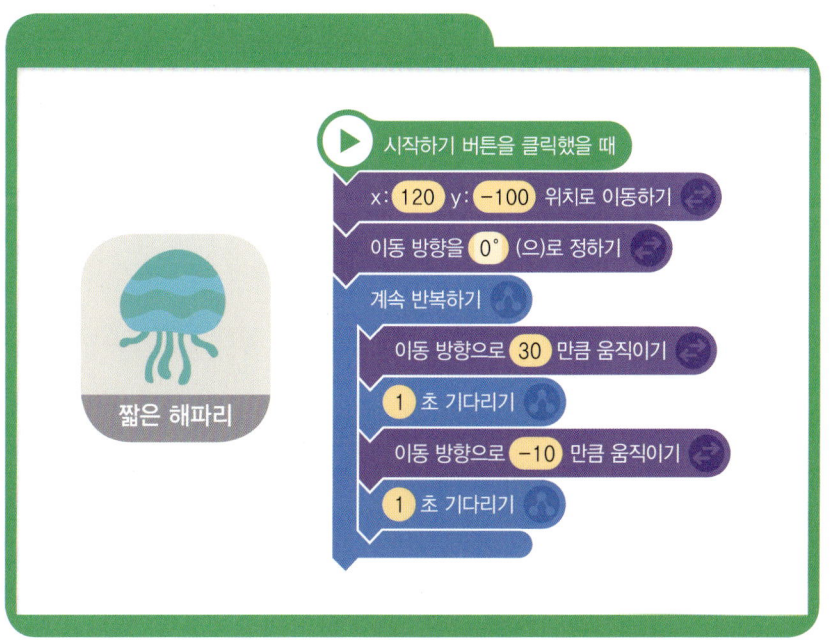

1 🏁 **시작** 블록꾸러미에서 `시작하기 버튼을 클릭했을 때` 를 끌어다 놓습니다.

2 ↔ **움직임** 블록꾸러미에서 `x: 0 y: 0 위치로 이동하기` 를 끌어다 연결하고, x좌표를 120, y좌표를 -100으로 바꿉니다.

3 ↔ **움직임** 블록꾸러미에서 `이동 방향을 90°(으)로 정하기` 를 끌어다 연결하고, 0°로 바꿉니다.

▶ 0°는 위쪽 방향입니다. 따라서 해파리는 위로 움직입니다.

4 ⋏ **흐름** 블록꾸러미에서 `계속 반복하기` 를 끌어다 연결합니다.

5 ↔ **움직임** 블록꾸러미에서 `이동 방향으로 10 만큼 움직이기` 를 끌어다 반복 블록 안쪽에 연결하고, 30으로 바꿉니다.

▶ 해파리가 위로 30만큼 움직입니다.

6 ⋏ **흐름** 블록꾸러미에서 `2 초 기다리기` 를 끌어다 연결하고, 1초로 바꿉니다.

7 ↔ **움직임** 블록꾸러미에서 `이동 방향으로 10 만큼 움직이기` 를 끌어다 연결하고, -10으로 바꿉니다.

▶ 해파리가 아래로 10만큼 움직입니다. 그냥 위로 쭉 올라가게 하는 것보다 위로 30만큼 올라갔다가 다시 아래로 10만큼 내려가게 하면, 해파리가 헤엄치는 모습이 더욱 역동적으로 보입니다.

8 ⋏ **흐름** 블록꾸러미에서 `2 초 기다리기` 를 끌어다 연결하고, 1초로 바꿉니다.

방향이 0°일 때 이동 방향이 0°면 위쪽, 90°면 오른쪽, 180°면 아래쪽, 270°면 왼쪽을 뜻하는구나. 이동 방향은 기준이 되는 방향에 따라 달라지니까 잘 살펴봐야겠다.

Step4 만들기-②

해파리가 위로 올라가다 화면 밖으로 나가면 아래에서 나타나 다시 위로 올라옵니다.

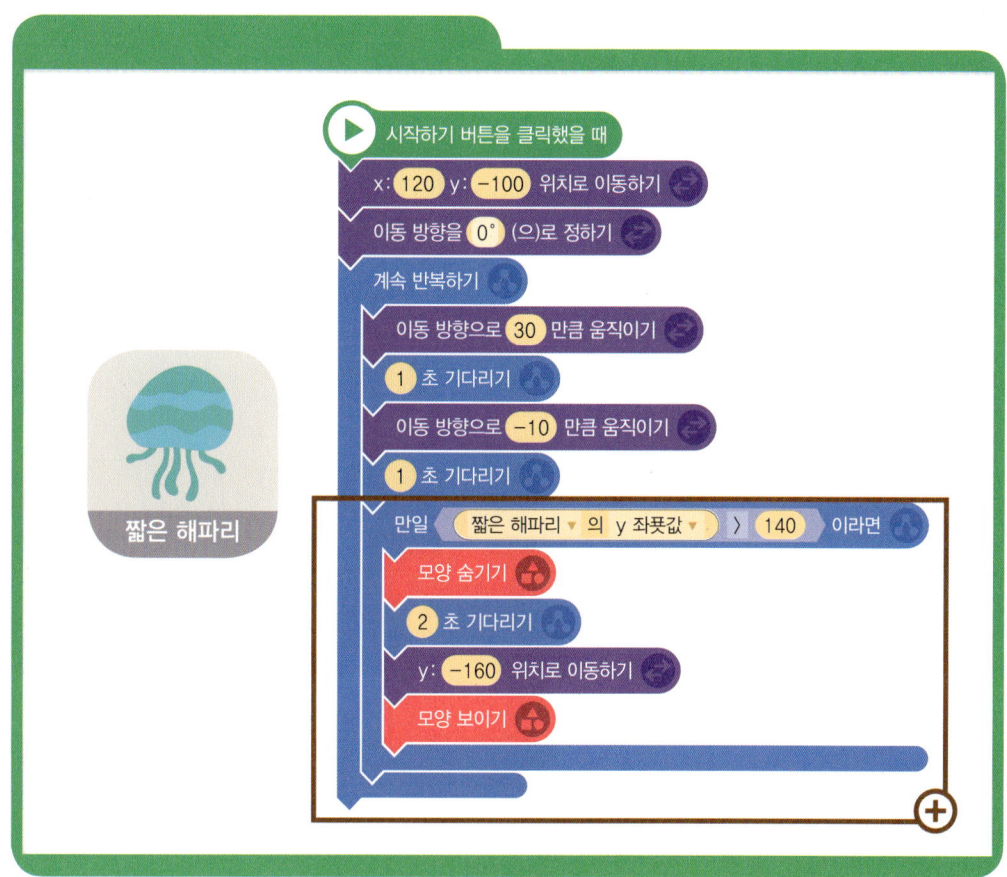

1 흐름 블록꾸러미에서 `만일 참 이라면` 을 끌어다 연결합니다.

2 판단 블록꾸러미에서 `10 > 10` 을 끌어다 `참` 부분에 끼워 넣습니다.

3 계산 블록꾸러미에서 `물고기 의 x 좌푯값` 을 끌어다 `10 > 10` 의 앞쪽 `10` 부분에 끼워 넣고, ▼를 클릭해 '짧은 해파리'와 'y좌푯값'을 선택합니다. 뒷부분의 값은 140으로 바꿉니다.

▶해파리의 y좌푯값이 140보다 크면 안에 있는 블록들이 실행됩니다.

4 🔺생김새 블록꾸러미에서 `모양 숨기기` 를 끌어다 연결합니다.

▶주어진 값이 조건에 맞으면 오브젝트가 실행화면에서 보이지 않게 됩니다.

5 🔺흐름 블록꾸러미에서 `2 초 기다리기` 를 끌어다 연결합니다.

6 ↔움직임 블록꾸러미에서 `y: 10 위치로 이동하기` 를 끌어다 연결하고, y좌표를 −160으로 바꿉니다.

▶해파리가 보이지 않는 상태에서 아래쪽으로 이동해 실행화면 밖으로 나가는 것입니다.

7 🔺생김새 블록꾸러미에서 `모양 보이기` 를 끌어다 연결합니다.

🖱 Step5 만들기-①

노란 물고기가 화면 끝에서 끝까지 계속 좌우로 왔다 갔다 합니다.

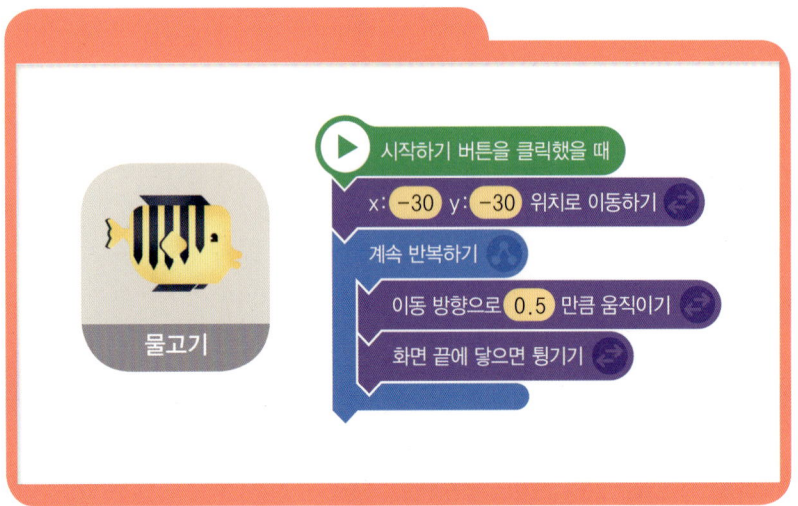

1 🚩시작 블록꾸러미에서 `시작하기 버튼을 클릭했을 때` 를 끌어다 놓습니다.

2 ↔움직임 블록꾸러미에서 `x: 0 y: 0 위치로 이동하기` 를 끌어다 연결하고, x좌표를 -30, y좌표를 -30으로 바꿉니다.

3 ∧흐름 블록꾸러미에서 `계속 반복하기` 를 끌어다 연결합니다.

4 ↔움직임 블록꾸러미에서 `이동 방향으로 10 만큼 움직이기` 를 끌어다 연결하고, 0.5로 바꿉니다.
▶오브젝트가 이동 방향으로 한 번에 0.5만큼씩 움직입니다.

5 ↔움직임 블록꾸러미에서 `화면 끝에 닿으면 튕기기` 를 끌어다 연결합니다.
▶물고기가 오른쪽 화면 끝에 닿으면 방향을 바꿔 왼쪽으로 움직이게 됩니다.

등푸른 물고기 떼처럼 노란 물고기의 회전 방식 역시 '좌우 회전'을 선택해 줘야 화면 끝에 닿아 튕길 때 방향을 바꿔 제대로 헤엄치겠지?

Step5 만들기-②

물고기가 헤엄칠 때 계속해서 입을 뻐끔거립니다.

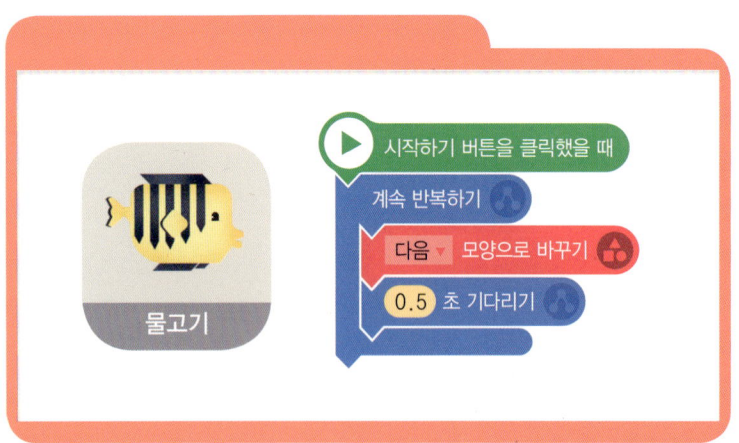

1 🚩 **시작** 블록꾸러미에서 ▶시작하기 버튼을 클릭했을 때 를 끌어다 놓습니다.

2 🔺 **흐름** 블록꾸러미에서 계속 반복하기 를 끌어다 연결합니다.

3 🔺 **생김새** 블록꾸러미에서 다음▼ 모양으로 바꾸기 를 끌어다 반복 블록 안쪽에 연결합니다.
▶ 물고기 모양을 입 벌린 모양으로 바꿔 줍니다.

4 🔺 **흐름** 블록꾸러미에서 2 초 기다리기 를 끌어다 연결하고, 0.5초로 바꿉니다.

5 물고기의 모양 탭에서 세 번째 모양을 선택해 삭제합니다.
▶ 물고기가 입을 벌리고 닫는 동작만 반복하게 하기 위해 세 번째 모양은 지워 주는 것입니다.

Step5 만들기-③

물고기가 헤엄치다 해파리에 닿으면 크기가 2배가 됐다가 다시 원래대로 돌아옵니다.

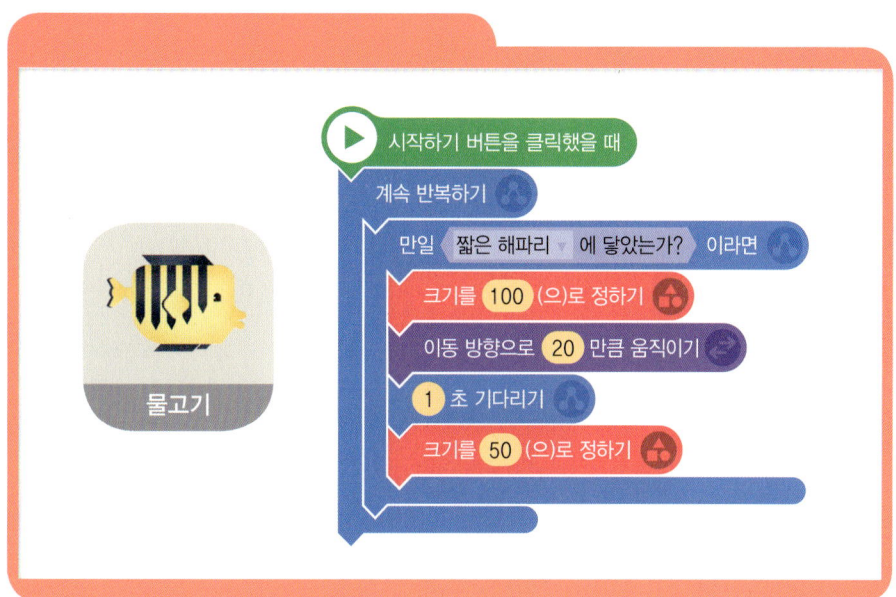

1. 시작 블록꾸러미에서 '시작하기 버튼을 클릭했을 때'를 끌어다 놓습니다.

2. 흐름 블록꾸러미에서 '계속 반복하기'를 끌어다 연결합니다.

3. 흐름 블록꾸러미에서 '만일 참 이라면'을 끌어다 반복 블록 안쪽에 연결합니다.

4. 판단 블록꾸러미에서 '마우스포인터 에 닿았는가?'를 끌어다 참 부분에 끼워 넣고, ▼를 클릭해 '짧은 해파리'를 선택합니다.

5. 생김새 블록꾸러미에서 '크기를 100 (으)로 정하기'를 끌어다 판단 블록 안쪽에 연결합니다.

   ▶ 처음 물고기 오브젝트의 크기를 50으로 정해 두었기 때문에 값을 100으로 하면 2배로 커지게 됩니다.

6 움직임 블록꾸러미에서 이동 방향으로 10 만큼 움직이기 를 끌어다 연결하고, 20으로 바꿉니다.

▶ 물고기가 해파리에 계속 닿아 있으면 자꾸 커지기 때문에 빨리 이동시켜 해파리와 떨어뜨리기 위해 값을 크게 넣은 것입니다.

7 흐름 블록꾸러미에서 2 초 기다리기 를 끌어다 연결하고, 1초로 바꿉니다.

8 생김새 블록꾸러미에서 크기를 100 (으)로 정하기 를 끌어다 연결하고, 50으로 바꿉니다.

▶ 50은 처음 정해 두었던 물고기의 크기입니다.

전체 코드 확인하기

블록이 잘 조립되었는지 확인하고, 시작하기 버튼을 눌러 실행해 봅시다.

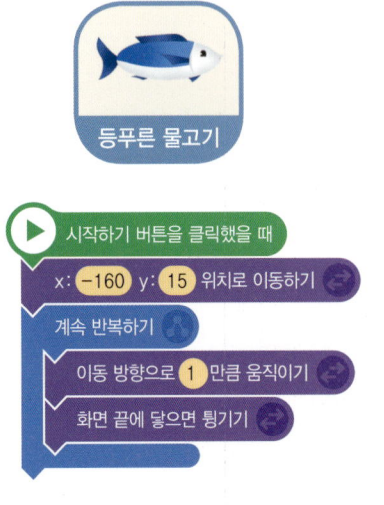

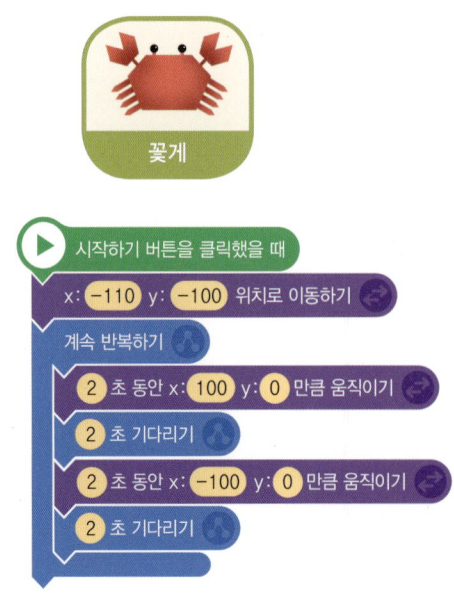

가오리

짧은 해파리

시작하기 버튼을 클릭했을 때
x: 100 y: 90 위치로 이동하기
계속 반복하기
　이동 방향으로 1 만큼 움직이기
　만일 가오리 의 x 좌푯값 > 240 이라면
　　모양 숨기기
　　2 초 기다리기
　　x: -300 위치로 이동하기
　　모양 보이기

시작하기 버튼을 클릭했을 때
x: 120 y: -100 위치로 이동하기
이동 방향을 0° (으)로 정하기
계속 반복하기
　이동 방향으로 30 만큼 움직이기
　1 초 기다리기
　이동 방향으로 -10 만큼 움직이기
　1 초 기다리기
　만일 짧은 해파리 의 y 좌푯값 > 140 이라면
　　모양 숨기기
　　2 초 기다리기
　　y: -160 위치로 이동하기
　　모양 보이기

물고기

시작하기 버튼을 클릭했을 때
x: -30 y: -30 위치로 이동하기
계속 반복하기
　이동 방향으로 0.5 만큼 움직이기
　화면 끝에 닿으면 튕기기

시작하기 버튼을 클릭했을 때
계속 반복하기
　다음 모양으로 바꾸기
　0.5 초 기다리기

시작하기 버튼을 클릭했을 때
계속 반복하기
　만일 짧은 해파리 에 닿았는가? 이라면
　　크기를 100 (으)로 정하기
　　이동 방향으로 20 만큼 움직이기
　　1 초 기다리기
　　크기를 50 (으)로 정하기

수족관을 잘 만들어 보았나요? 그런데 수족관에서 인기 있는 상어가 없다는 점이 아쉽네요. 상어가 있다면 수족관이 훨씬 화려해질 텐데 말이에요.

 상어 오브젝트와 힌트 블록을 이용해, 마우스 포인터를 따라다니는 상어를 만들어 보세요.

상어

2 초 동안 마우스포인터▼ 위치로 이동하기
마우스포인터▼ 쪽 바라보기

힌트 블록

투명 망토 획득!

미션을 해결했다면, 이제 당신의 마법사는 '투명 망토' 아이템을 얻었습니다.

정답은 128쪽에서 확인해 보세요!

8장 도깨비방망이 이야기

 동화 속 한 장면이 멋지게 탄생할 것 같죠? 이처럼 이야기 장면들을 계속 연결하면 한 편의 동화를 애니메이션으로 만들 수도 있습니다.

활동 1 작품 살펴보기

 **완성 작품 구성 미리보기**

다음 주소 https://goo.gl/LNhBkB 로 들어가면 완성 작품이 있습니다. 작품명은 '애니_08장'으로, 엔트리 사이트 공유하기에서 'whycoding2'를 검색해도 작품을 볼 수 있습니다.

미리보기 QR코드로도 작품을 볼 수 있어요.

Step 1 도깨비방망이를 찾아 준 선비에게 도깨비는 보답으로 금화를 주겠다고 말합니다.

Step 2 도깨비방망이를 금화에 닿게 하자, 계속 새로운 금화가 생겨납니다.

Step 3 만들어진 금화는 선비에게 갑니다.

애니메이션을 만들 때는 메모를 하며 전체 순서를 먼저 구상해 보는 게 좋습니다.

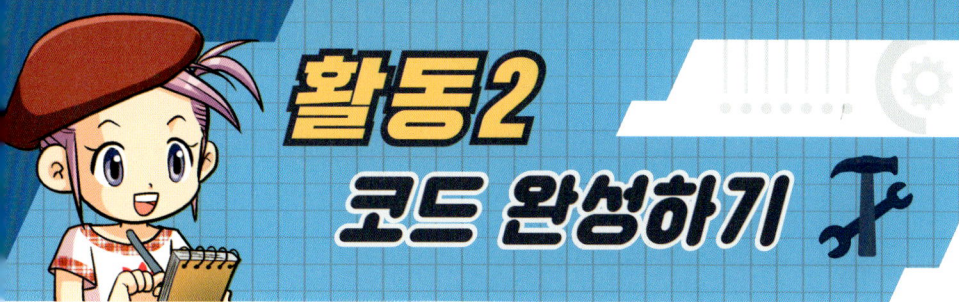

🖱 오브젝트 배치하기

1 '오브젝트 추가하기▶배경▶자연▶숲속(3)'을 선택해 배경을 만듭니다.

2 '오브젝트 추가하기▶판타지▶전체▶도깨비(2)'를 선택해 오브젝트를 추가하고, 오브젝트 목록에서 위치와 크기를 바꿉니다.

▶ 도깨비(2)의 X좌표를 −150, Y좌표를 −30, 크기를 150으로 바꿉니다.

3 '오브젝트 추가하기▶사람▶전체▶선비(1)'을 선택해 오브젝트를 추가하고, 오브젝트 목록에서 위치를 바꿉니다.

▶ 선비(1)의 X좌표를 160, Y좌표를 −50으로 바꿉니다.

4 '오브젝트 추가하기▶물건▶생활▶동전'을 선택해 오브젝트를 추가하고, 오브젝트 목록에서 위치와 크기, 이름을 바꿉니다.

▶ 동전의 X좌표를 −30, Y좌표를 −75, 크기를 50으로 바꿉니다.
▶ 동전의 이름을 '금화'로 바꿉니다.

5 '오브젝트 추가하기▶판타지▶전체▶도깨비방망이'를 선택해 오브젝트를 추가하고, 오브젝트 목록에서 위치와 크기를 바꿉니다.

▶ 도깨비방망이의 X좌표를 −78, Y좌표를 7, 크기를 80으로 바꿉니다.

6 오브젝트를 잘 배치했는지 확인합니다.

잠깐!

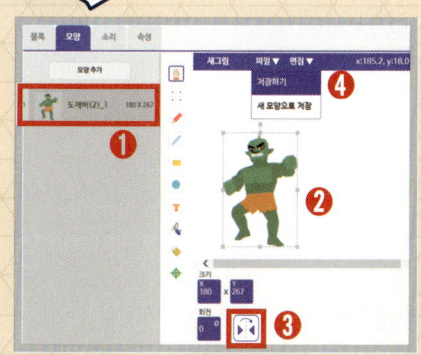

도깨비가 왼쪽을 보고 있으므로, 선비 쪽을 보도록 이미지를 반전시켜야 합니다. **모양** 탭에서 '도깨비(2)_1'을 선택한 뒤, 좌우 반전 을 누르면 이미지를 반전시켜 저장할 수 있습니다.

Step 1 만들기 - ①

도깨비가 선비에게 말을 합니다.

1 🏁 **시작** 블록꾸러미에서 ▶시작하기 버튼을 클릭했을 때 를 끌어다 놓습니다.

2 ↔ **움직임** 블록꾸러미에서 x: 0 y: 0 위치로 이동하기 를 끌어다 연결하고, x좌표를 -150, y좌표를 -30으로 바꿉니다.

3 ▲ **생김새** 블록꾸러미에서 안녕! 을(를) 4 초 동안 말하기 를 끌어다 연결하고, '정직한 선비로군!'과 2초로 바꿉니다.

4 ▲ **생김새** 블록꾸러미에서 안녕! 을(를) 4 초 동안 말하기 를 끌어다 연결하고, '보답으로 금화를 주겠네!'와 2초로 바꿉니다.

> 말하기 블록을 이어서 연결하니까 말풍선이 연달아 나타나며 순서대로 말을 하네.

Step 1 만들기-②

도깨비의 말이 끝난 뒤, 선비가 고맙다고 말합니다.

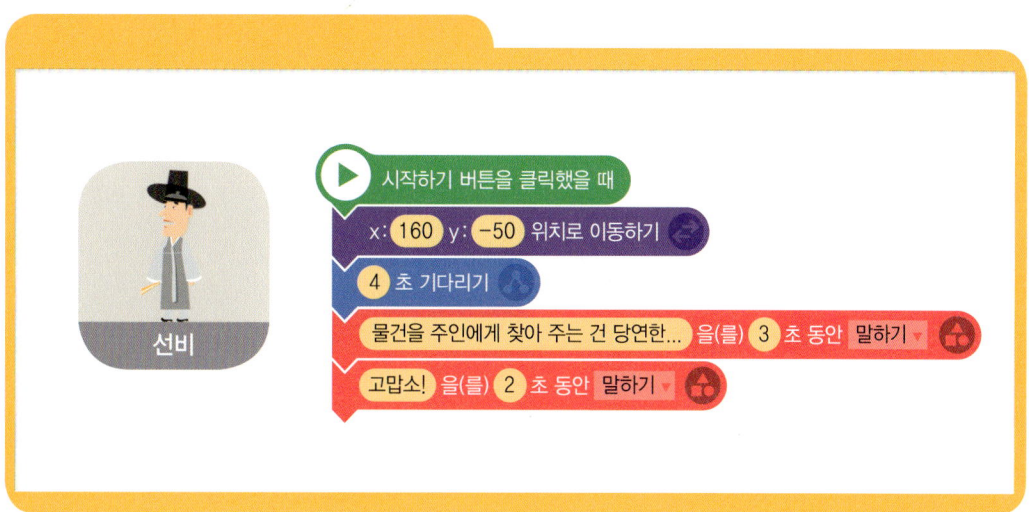

1 🏁 **시작** 블록꾸러미에서 ▶️시작하기 버튼을 클릭했을 때 를 끌어다 놓습니다.

2 ↔️ **움직임** 블록꾸러미에서 x: 0 y: 0 위치로 이동하기 를 끌어다 연결하고, x좌표를 160, y좌표를 -50으로 바꿉니다.

3 ⏳ **흐름** 블록꾸러미에서 2 초 기다리기 를 끌어다 연결하고, 4초로 바꿉니다.

▶도깨비가 말하는 동안 선비가 기다리게 하기 위해 4초라는 시간 간격을 둔 것입니다.

4 🔺 **생김새** 블록꾸러미에서 안녕! 을(를) 4 초 동안 말하기 를 끌어다 연결하고, '물건을 주인에게 찾아 주는 건 당연한 일인 것을…'과 3초로 바꿉니다.

5 🔺 **생김새** 블록꾸러미에서 안녕! 을(를) 4 초 동안 말하기 를 끌어다 연결하고, '고맙소!'와 2초로 바꿉니다.

Step2 만들기-①

도깨비와 선비의 대화가 끝나면, 도깨비방망이가 마우스포인터를 따라다닙니다.

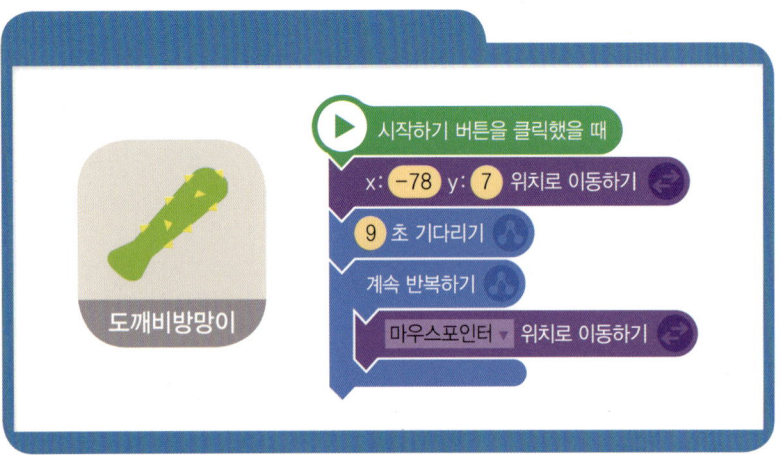

1 🏁 **시작** 블록꾸러미에서 ▶시작하기 버튼을 클릭했을 때 를 끌어다 놓습니다.

2 ↔ **움직임** 블록꾸러미에서 x: 0 y: 0 위치로 이동하기 를 끌어다 연결하고, x좌표를 −78, y좌표를 7로 바꿉니다.

3 ⋀ **흐름** 블록꾸러미에서 2 초 기다리기 를 끌어다 연결하고, 9초로 바꿉니다.
▶도깨비와 선비의 대화가 끝난 뒤에 도깨비방망이가 마우스포인터를 따라 움직이도록 시간을 준 것입니다.

4 ⋀ **흐름** 블록꾸러미에서 계속 반복하기 를 끌어다 연결합니다.

5 ↔ **움직임** 블록꾸러미에서 도깨비방망이 위치로 이동하기 를 끌어다 연결하고, ▼를 클릭해 '마우스포인터'를 선택합니다.

> [마우스포인터 위치로 이동하기] 블록을 활용하면, 마우스로 실행화면에 오브젝트를 끌어다 붙이는 게임이나 마우스포인터를 따라 오브젝트가 움직이게 하는 게임도 만들 수 있겠다.

Step2 만들기-②

금화가 도깨비방망이에 닿으면 팽그르르 회전합니다.

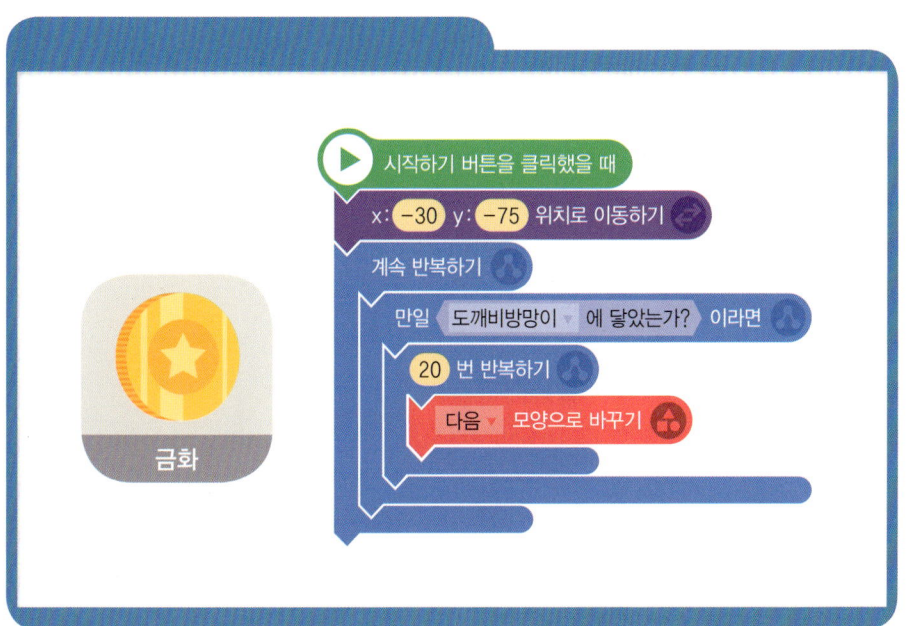

1. ▶ **시작** 블록꾸러미에서 `시작하기 버튼을 클릭했을 때` 를 끌어다 놓습니다.

2. ↔ **움직임** 블록꾸러미에서 `x: 0 y: 0 위치로 이동하기` 를 끌어다 연결하고, x좌표를 -30, y좌표를 -75로 바꿉니다.

3. ∧ **흐름** 블록꾸러미에서 `계속 반복하기` 를 끌어다 연결합니다.

4. ∧ **흐름** 블록꾸러미에서 `만일 참 이라면` 을 끌어다 반복 블록 안쪽에 연결합니다.

5. ✓ **판단** 블록꾸러미에서 `마우스포인터 에 닿았는가?` 를 끌어다 `참` 부분에 끼워 넣고, ▼를 클릭해 '도깨비방망이'를 선택합니다.

   ▶ '금화가 도깨비방망이에 닿았는가?'라는 조건이 완성된 것입니다.

6 🔺흐름 블록꾸러미에서 `10 번 반복하기` 를 끌어다 연결하고, 20으로 바꿉니다.

7 🔺생김새 블록꾸러미에서 `다음 모양으로 바꾸기` 를 끌어다 연결합니다.
▶ 금화의 모양을 20번 바꾸게 해, 팽이처럼 돌게 만들어 줍니다.

🖱 Step2 만들기-③

금화가 도깨비방망이에 닿으면 자신을 복제해 계속 새로운 금화가 만들어집니다.

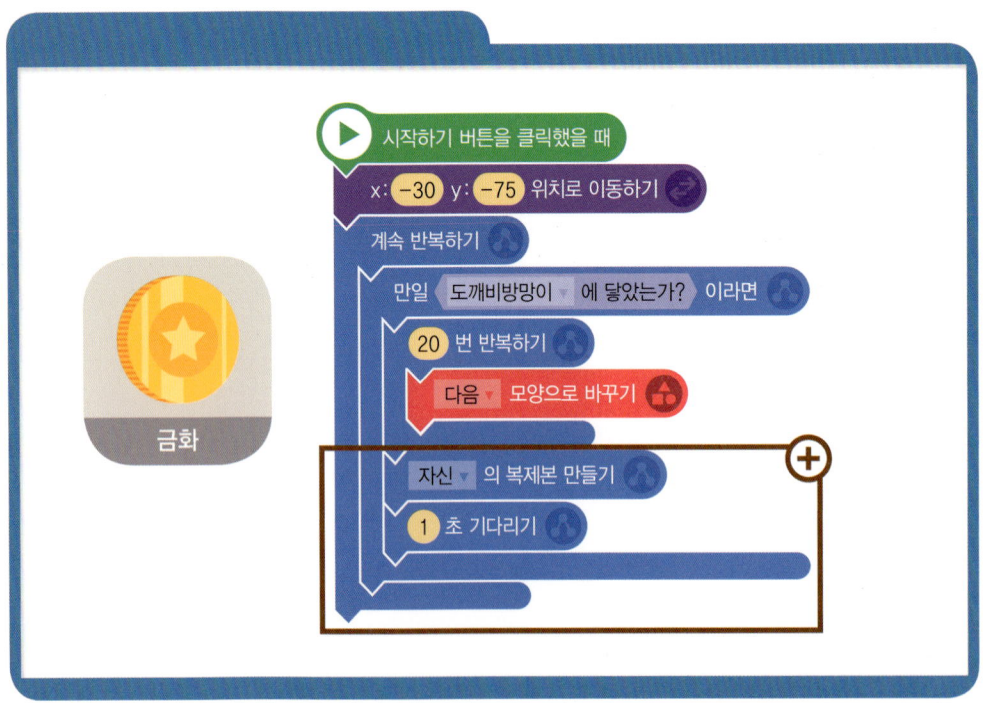

1 🔺흐름 블록꾸러미에서 `자신의 복제본 만들기` 를 끌어다 연결합니다.
▶ 금화에 도깨비방망이가 닿으면 자신이 복제됩니다.

2 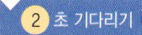 흐름 블록꾸러미에서 `2초 기다리기`를 끌어다 연결하고, 1초로 바꿉니다.

▶ 금화가 너무 많이 복제되는 것을 막기 위해서 시간 간격을 둔 것입니다.

잠깐!
복제본 만들기 블록은 원본 오브젝트와 똑같은 복제본을 실행화면에 만들어 냅니다. 그리고 프로그램이 끝나면 모두 사라집니다. 복제본을 잘 활용하면 적은 오브젝트로 많은 일을 할 수 있습니다. 계속 생겨나는 금화처럼 특정 오브젝트가 반복적으로 계속 나와야 할 때는 복제본을 활용하는 것이 좋습니다.

 Step2 만들기-④

복제된 금화는 무작위로 위로 튀어오릅니다.

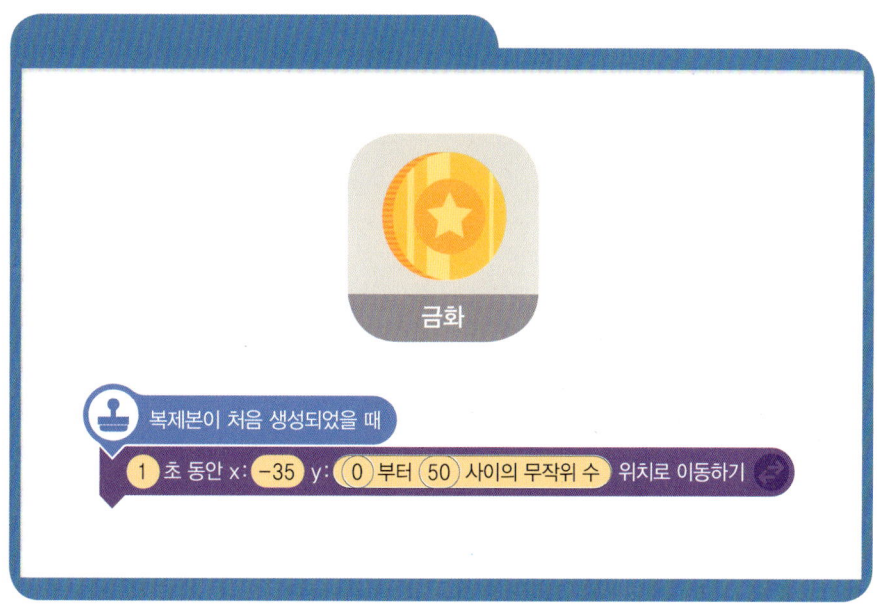

1 ▲ 흐름 블록꾸러미에서 [복제본이 처음 생성되었을 때] 를 끌어다 연결합니다.
▶ 금화의 복제본이 만들어지면 아래에 연결된 블록이 실행됩니다.

2 ⇄ 움직임 블록꾸러미에서 [2초 동안 x: 10 y: 10 위치로 이동하기] 를 끌어다 연결하고, 시간을 1초, x좌표를 −35로 바꿉니다.
▶ 복제본이 만들어지면 이동할 위치를 정해 주는 것입니다.

3 ⁺⁻ₓ÷ 계산 블록꾸러미에서 [0 부터 10 사이의 무작위 수] 를 끌어다 y좌표에 끼워 넣은 뒤, 첫 번째 값은 0 그대로 두고, 두 번째 값을 50으로 바꿉니다.

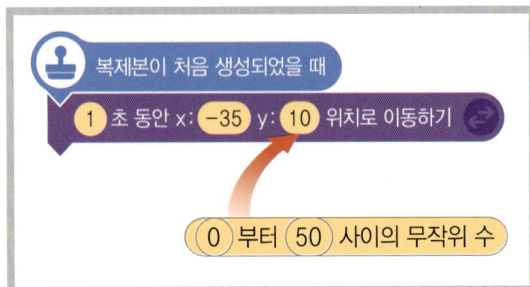

▶ 복제본이 만들어지면 y좌표는 0에서 50 사이의 값 중 하나가 무작위로 적용되어, 금화가 튀어오르는 높이가 달라집니다.

무작위 수가 뭔데?

말 그대로 무작위, 그러니까 정해지지 않고 아무렇게나 나오는 수를 말해.

복제된 금화는 선비에게 날아갑니다.

1. 움직임 블록꾸러미에서 `2 초 동안 x: 10 y: 10 위치로 이동하기` 를 끌어다 연결합니다.

2. 계산 블록꾸러미에서 `10 - 10` 을 끌어다 x좌표에 끼워 넣습니다.

3. 계산 블록꾸러미에서 `도깨비방망이 의 x좌푯값` 을 끌어다 앞쪽 `10` 부분에 끼워 넣고, ▼를 클릭해 '선비(1)'을 선택합니다. 뒤쪽 `10` 부분은 30으로 바꿉니다.

   ▶ 선비(1) 오브젝트의 x좌표에서 30만큼 뺀 것이 금화의 x좌표가 됩니다.

4. 계산 블록꾸러미에서 `도깨비방망이 의 x좌푯값` 을 끌어다 y좌표에 끼워 넣고, ▼를 클릭해 '선비(1)'과 'y좌푯값'을 선택합니다.

   ▶ 선비(1) 오브젝트의 y좌표가 금화의 y좌표가 됩니다.

전체 코드 확인하기

블록이 잘 조립되었는지 확인하고, 시작하기 버튼을 눌러 실행해 봅시다.

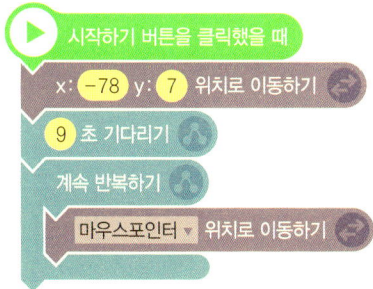

페나키스티스코프라는 애니메이션 기법이 있습니다. 회전하는 원판에 그려진 연속된 그림을 가느다란 구멍을 통해 거울로 보면 그림의 잔상이 남아 마치 움직이는 것처럼 보이는 것입니다.

 회전판 오브젝트와 힌트 블록을 이용해서 원판 위의 그림이 움직이도록 만들어 보세요.

회전판

좌우 모양 뒤집기

방향을 36° 만큼 회전하기

힌트 블록

Tip
거울에 비췄을 때는 좌우가 뒤바뀐다는 점을 염두에 두고 오브젝트의 모양을 어떻게 해야 할지 잘 생각해야 합니다.
회전판 오브젝트는 완성 작품에서 다운로드 받아 사용하세요.

마지막 미션까지 훌륭히 잘 해결했나요?
이제 저는 마지막 아이템인 '요정 숲의 부엉이'를 얻어
초보 마법사에서 벗어나 멋진 상급 마법사가 되었습니다.
제 마법 실력이 향상된 만큼 여러분의
코딩 실력도 더욱 업그레이드된 것입니다.
앞으로 더욱 실력을 키워 멋진 작품을 만들어 보세요!

획득! 요정 숲의 부엉이

코딩 Level Up! 정답 페이지

▶ 소개할 사진을 오브젝트로 추가하고, 하트 오브젝트를 각각의 인물 가까이 이동시켜 소개하게 합니다.

코드 완성

 https://goo.gl/BPsJmE

▶ 노란새 오브젝트를 불러온 뒤, 모양 탭에서 날개를 아래로 내리고 있는
'노란새_1'을 삭제하고 새장 오브젝트를 추가합니다.

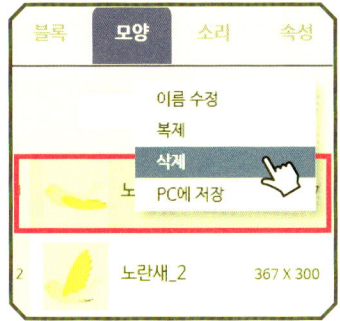 

▶ 계속 모양이 바뀌게 코딩하면 노란새와 새장
오브젝트가 번갈아 빠르게 보여집니다.

모양 탭에 새로운
오브젝트를 추가하면,
추가한 모양이 '다음' 모양이
되기 때문에 새와 새장이 번갈아
빠르게 나타나서 마치 새가
새장에 갇힌 것처럼
보입니다.

코드 완성

 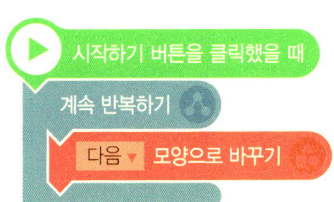 

 <https://goo.gl/VTFp9c>

▶ 마을 배경에 택시, 빨간 자동차, 기본별 오브젝트를 추가해 적절히 배치합니다.

▶ 빨간 자동차 오브젝트에 자동차 경적 소리1, 자동차 급정지, 자동차 사고 소리를 추가해 적용합니다.

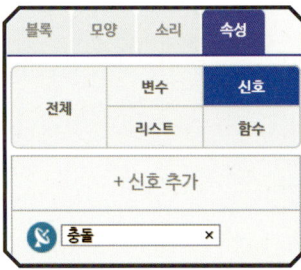

▶ 충돌 신호를 만듭니다.

코드 완성

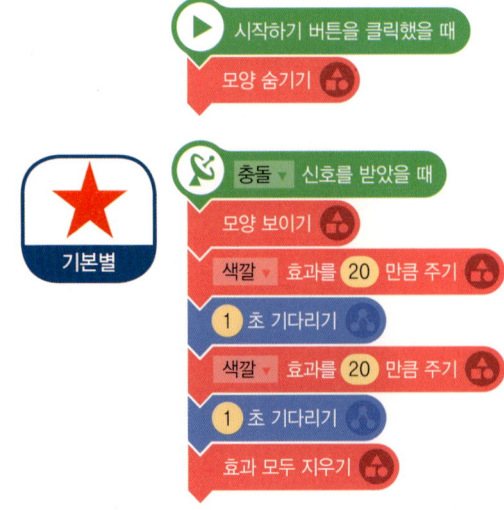

https://goo.gl/WccV05

▶ 화채 만드는 방법을 여섯 장면으로 나누어 그림을 그리고, 각 장면마다 요리사를 배치해 화채 만드는 방법을 설명하게 합니다.

코드 완성

  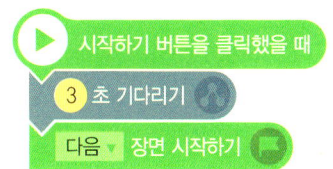

 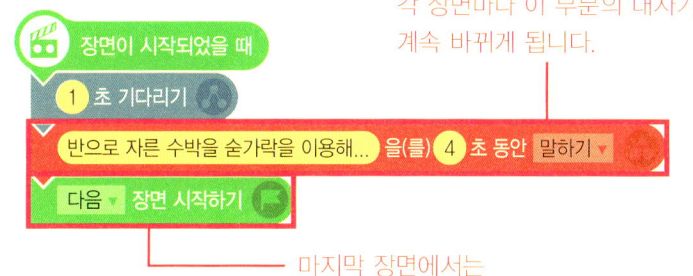

각 장면마다 이 부분의 대사가 계속 바뀌게 됩니다.

마지막 장면에서는 이 부분을 삭제합니다.

74쪽 https://goo.gl/kPSWah

▶ 바닥 그림과 위에 덮는 투명 종이 오브젝트를 추가하고, 투명 종이를 키보드의 좌우 화살표 키로 움직이게 합니다.

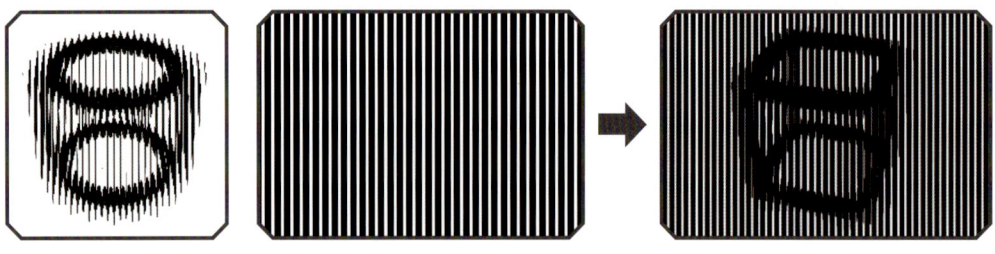

바닥 그림   위에 덮는 투명 종이

▶ 바닥 그림과 위에 덮는 투명 종이의 크기와 위치를 잘 맞춰야 회전하는 상자가 제대로 보입니다.

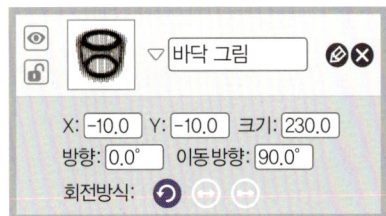 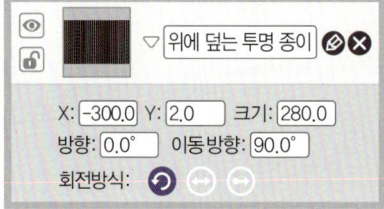

위에 덮는 투명 종이를 키보드로 좌우로 움직이면 상자가 회전하는 것처럼 보입니다.

코드 완성

 https://goo.gl/vg0sz0

▶ 글상자로 노랫말을 추가합니다. 이때 글상자를 여러 개 만들어도 되지만, '한 꼬마'라는 글상자를 하나만 만든 다음 노랫말이 지워지고 새로 쓰여지게 코딩해도 됩니다.

코드 완성

▶ 노랫말이 등장하는 시간을 가늠한 뒤, 그 시간 간격에 맞춰서 노랫말이 지워지고 쓰여지게 합니다.

 글상자

순서	노랫말	등장 시간 (초)
1	한 꼬마	2.5
2	두 꼬마	3.5
3	세 꼬마 인디언	4.5
4	네 꼬마	6
5	다섯 꼬마	7
6	여섯 꼬마 인디언	8
7	일곱 꼬마	10
8	여덟 꼬마	11
9	아홉 꼬마 인디언	12
10	열 꼬마 인디언 보이	14

 https://goo.gl/KkAckd

▶ 상어가 마우스포인터를 따라다니며 헤엄칠 때 더욱 실감 나도록 입을 계속 벌리게 합니다.
이때 모양 탭에서 '앞모습'은 삭제해야 합니다.

코드 완성

상어(1)

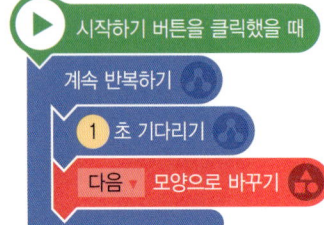

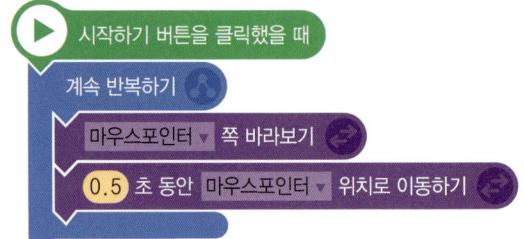

120쪽 https://goo.gl/jaumLt

코드 완성

회전판

▶ 그림이 그려진 원판을 거울로 본 것처럼 해야 하므로, 모양을 뒤집고 회전시킵니다.